Sabine Bode

Sorgen sind wie Nudeln,
man macht sich immer zu viele

 GOLDMANN

Sabine Bode

Sorgen sind wie Nudeln, man macht sich immer zu viele

Noch mehr Lesekonfetti für problemgebeutelte Postjugendliche

GOLDMANN

Dieses Werk ist ein humoriges Sachbuch und beruht auf
Erfahrungen und teils satirisch überhöhten Erlebnissen.
Die Autorin gibt hier ihre persönliche Sicht wieder, die keinen
Anspruch auf Allgemeingültigkeit hat. Alle Inhalte wurden von
der Autorin und dem Verlag sorgfältig geprüft.

Sollte diese Publikation Links auf Webseiten Dritter enthalten,
so übernehmen wir für deren Inhalte keine Haftung,
da wir uns diese nicht zu eigen machen, sondern lediglich auf
deren Stand zum Zeitpunkt der Erstveröffentlichung verweisen.

MIX
Papier aus verantwor-
tungsvollen Quellen
FSC® C014496

Penguin Random House Verlagsgruppe FSC® N001967

1. Auflage
Originalausgabe Oktober 2022
Copyright © 2022 by Wilhelm Goldmann Verlag, München,
ein Unternehmen der
Penguin Random House Verlagsgruppe GmbH
Neumarkter Straße 28, 81673 München
Copyright © 2022 by Sabine Bode
Umschlaggestaltung: UNO Werbeagentur, München,
unter Verwendung eines Fotos von © FinePic®
Illustrationen im Innenteil: © FinePic® und Shutterstock/chrupka;
Shutterstock/natalia yur; Shutterstock/NotionPic; Shutterstock/
lesyauna; Shutterstock/yod 67; Shutterstock/Wonder-studio
Redaktion: René Stein & Dr. Marion Preuß
MP · Herstellung: CF
Satz: Uhl + Massopust, Aalen
Druck und Einband: GGP Media GmbH, Pößneck
Printed in Germany
978-3-442-31675-5

www.goldmann-verlag.de

Inhaltsverzeichnis

Für P.

Einmal Sorgen mit alles, bitte!

Neulich habe ich einen Werbespot gesehen, in dem es hieß: »In diesem Auto können fünf Leute ohne Problem Platz finden.« Der erste Gedanke, der mir durch den Kopf schoss, war: »Alles klar, aber wo finde ich diese fünf Leute ohne Problem?«

Okay, der war ein bisschen sehr flach, aber ich dachte, so ein locker flockiger Einstieg in das vorliegende Sammelsurium der Seelenqualen kann in diesen konfliktbeladenen Zeiten nicht schaden. Denn es ist ja so: Sorgen und Nöte haben wir in allen Lebensphasen. Als Teenager fühlen wir uns erst wertgeschätzt und wahrgenommen, wenn wir die Türen knallen lassen, bis die Erde bebt. Als junger Mensch fragen wir uns ständig, ob der Partner, die Ausbildung oder die Wohnungseinrichtung adäquat unsere Persönlichkeit matcht. Ab dreißig sind wir entweder genervte Kinderlose in einem Meer von glückstrunkenen Kleinfamilien oder dauergestresste Jungeltern, die anderen die Glückstrunkenheit nur vorspielen. Mit vierzig fragen wir uns langsam, ob wir alles richtig gemacht haben oder noch mal anders durchstarten wollen: neue Liebe, doch noch ein Kind oder vielleicht lieber ein Axolotl, Umschulung vom Postbeamten zum Pilateslehrer, oder doch vom Hunsrück nach Helgoland umziehen? Ja, und kaum haben wir ein halbes Jahrhundert hinter uns, hätten wir endlich die Zeit, das zu tun, worauf wir Bock haben: Die Kinder können sich eigenständig ankleiden, der Hauskredit rückt immerhin langsam in die Nähe von »abbezahlt«, wir wissen, wer wir sind, was wir wollen und wie man eine Dose *Hugo* ins Kino schmuggelt. Man könnte jetzt anfangen, ein sorgenfreies Leben zu führen, wenn man sich nicht ständig neue Bürden aufladen würde: Wir ärgern uns über unseren Hallux valgus, von dem wir bis vor Kurzem noch geglaubt haben, das sei eine Mittelalter-Rockband. Wir schämen uns ein bisschen, weil wir mit der Neuzeit immer weniger klarkommen und glauben, *TikTok* sei das mit den zwei Kalorien. Wir stehen kurz vor einem Nervenzusammenbruch, wenn der Partner mal wieder zehn einzelne Spaghetti in der Packung zurücklässt. Wir fragen uns, was wir in der Erziehung falsch gemacht haben, weil das Kind FDP wählen will. Wir trauen uns nicht, den Job zu wechseln, weil wir fürchten, dass wir mit unseren *Word für Windows 3* Kenntnissen nicht weit kommen. Die Zeit wird knapp, der Lieblingspulli auch, und den Satz »Machen Sie mal langsamer!« hören wir nicht mehr von der Polizei, sondern von unserem Hausarzt.

Kurz, es gibt so vieles, worüber man sich ab der Lebensmitte Gedanken und Sorgen macht. Aber wie wäre es, den »Was war diese Woche doch für ein beschissenes Jahr!«-Modus mal auf Pause zu stellen und die Dinge, die wir nicht ändern können, einfach hinzunehmen und zu sagen: Isso. Machste nix. Schließlich ist noch nicht aller Tage Abend, auch wenn jeden Tag der Abend ein bisschen eher zu kommen scheint. Also: Nicht jammern, dass wir im Freizeitpark schon die Seniorenkarte kriegen, sondern freuen, dass die eben auch 20 Euro weniger kostet. Zu COREGA Tabs stehen – denn schließlich kann man damit super seine alten Nietengürtel sauber kriegen! Oder sich wenigstens für jede Lebenslage einen Notfallplan parat halten. Ich schaue zum Beispiel immer, wenn es mir schlecht geht, konzentriert auf den Einkaufswagenchip-Anhänger, der fest am Reißverschluss meiner Handtasche baumelt. Zumindest für eine kurze Zeit habe ich dann das Gefühl, ich hätte mein Leben im Griff.

Und wenn das mal nicht klappt, habe ich immer noch meine Gejammer-Austauschliste, die ich neben Bachblüten und Notfall-Snickers immer in der Jackentasche habe und die vielen altbekannten Denkmustern Paroli bietet:

Statt ...	... lieber:
»Waäääh, ich bin zu dick, zu dünn, zu klein, zu papaya-förmig …«	»Ich bin NICHT wie Erika Steinbach. Alles andere kann man ertragen.«
»Mein Nachbar fährt einen Lamborghini!«	»Mein Nachbar glaubt, dass es Lambordschini heißt!«
»Früher hat man noch nicht so viel Geschiss um die Kinder gemacht!«	»Ja, stimmt. Wir sind auf der Autobahn auf dem Rücksitz des Audi 80 eingepennt. Ohne Gurt, denn den hat man wegen des Zigarettenqualms eh nicht gefunden!«

Statt ...	... lieber:
»Ich habe meinem Partner nichts mehr zu sagen.«	Der Satz »Du kannst das Shirt gerne anlassen. Wenn es DICH nicht stört.« geht immer!
»Alle fahren in den Skiurlaub, nur wir zum siebten Mal nach Spiekeroog!«	»Tja, aber in Ischgl kann man nicht unauffällig ins Wasser pinkeln!«
»Mein rechtes Bein tut weh.«	»Aber das linke nicht.«
»Mein Kind zieht aus, wir haben als Eltern versagt!«	»Endlich ein extra Zimmer, das ich mit schalldichten Wänden versehen und ungehemmt Boney M. hören kann!«
»Alle meine Arbeitskollegen sind mindestens zehn Jahre jünger als ich!«	»Ist doch toll, denn spätestens nach dem dreizehnten ›Zieht euch endlich Socken an die Füße, Kinder, es ist Winter!‹ hat man das Büro für sich allein.«
»Meine Haare werden immer dünner.«	»Föhnen dauert nur noch 30 Sekunden.«
»Es regnet schon seit Wochen!«	»Tja, da kann ich wohl keine Fenster putzen. Schaaade!«
»Jetzt bin ich zu alt, um mich noch großartig zu verändern.«	»Nicht vergessen: Man kann aus KARTOFFELN Wodka machen.«

Wenn das nicht reicht: Seien Sie ruhig kreativ! Setzen Sie auf den Wäschestapel im Bad zu Weihnachten einfach eine funkelnde Christbaumspitze drauf! Sagen Sie Ihrem Bankberater mit heruntergelassener Sonnenbrille: »Ich weiß, ist gerade schlecht, aber ich bastle gerade an einem bombensicheren Geschäftsmodell in der Import-Export-Branche!« Legen Sie Ihrem Partner einfach mal gelbe Post-its statt Käsescheiben auf das Büro-Sandwich oder lesen Sie dieses Buch. Sie werden sehen, wie viele absurde Alltagsirritationen das Leben bereithält und wie unendlich viele Möglichkeiten es gibt, diese demütig anzunehmen, meisterhaft zu analysieren oder sie unter einem misslungenen Maulwurfkuchen zu begraben.

Wenn Sie inmitten Ihres Sorgen-Cocktails partout keine Muße für die Lektüre haben, dann ist auch das natürlich in Ordnung. Man kann sie nicht alle retten, sagt immer meine Freundin Tine vom lokalen Katzenschutzverein. In diesem Fall machen Sie einfach den Ass-kicking-Crashkurs und nehmen sich den folgenden heiligen Spruch zu Herzen, den mir mal nach einer Überdosis *Edle Tropfen in Nuss* ein schamanischer Heiler namens Horst-Heiner ins Ohr gehaucht hat:

Träume nicht dein Leben, leg dich wieder hin.

Karma-Check in der Halbzeit:
Auf das, was nicht mehr kommt

Kennen Sie noch Herrn Schober? Jenen bemitleidenswerten Spießer im kotzbraunen Anzug von der Stange aus einem legendären Sparkassenwerbespot der Neunziger, der von einem breit grinsenden »Schröööder« mit fiesem Robert-Geiss-Habitus nach einer offensichtlich längeren Zeit des Nicht-Aufeinandertreffens in einem Restaurant großspurig mit hingeknallten Fotos begrüßt wird: »Mein Haus, mein Auto, mein Boot!« Das war 1995 die Messlatte dafür, »es im Leben zu etwas gebracht zu haben«, abgesehen natürlich vom Reitpferd und den damals von mittelalten weißen Männern heißbegehrten blonden Pferdepflegerinnen.

Ja, auch damals war das natürlich alles Satire, trotzdem ist das immer noch so ein Ding, dieser habituelle Leistungsabgleich in der Lebensmitte. Auch wenn für viele das Lastenfahrrad der neue Porsche ist und die erfolgreiche Reise zum inneren Kind die Kreuzfahrt abgelöst hat, irgendwann stellt man sich die großen Fragen des Lebens: Habe ich ein Haus gebaut, einen Baum gepflanzt oder wenigstens ein auf dem Rücken liegendes Schaf wieder umgedreht? Ab wann genau kann man sich zurücklehnen und beim Resümieren auf seine Lebensleistung stolz sein?

Wenn man genug Anschaffungen im Produkt-Leporello hat, die man ungefragt seinen zufällig den Weg kreuzenden Schulfreunden unter die Nase reiben kann?

Wenn die Kinder zweimal im Monat sonntags zum Kaffee kommen? Wenn der Sparkassenleiter einen persönlich begrüßt? Oder wenn man es endlich schafft, seine eigenen Fehler zu machen und nicht die der anderen?

Fragen über Fragen, die natürlich reflexartig in Gedanken den altbekannten Apothekenkalenderspruch aufploppen lassen: Es sind die kleinen Dinge des Lebens, die das Leben als gelungen ausweisen. Das haben ja, wenn man Facebook glaubt, auch schon Konfuzius, Rosamunde Pilcher und Wiltrud Fiepenkötter aus Quakenbrück für gut und richtig befunden. Und das stimmt natürlich, das Gute im Leben ist immer klein, ich sage nur: *Toffifee*, Katzenpfötchen, *Aspirin*. Ich gehe aber noch weiter. Mit fortschreitendem Alter gelange ich langsam zu der Ansicht: Am Ende zählen nicht die Dinge, die man gemacht hat, sondern die, die man nicht gemacht hat.

Schauen wir uns doch mal um, überall heißt es, Minimalismus sei der heiße Scheiß: Man soll seine Bude am besten so steril leerräumen, als ob jeden Moment der Gerichtsvollzieher klingeln würde, und in seinem Kleiderschrank maximal fünf »Essentials« aufbewahren, von denen drei Socken sind.

Warum nicht noch weitergehen? Sollten wir nicht vielleicht besser stolz sein auf das, was wir nicht gekauft, gemacht, erreicht haben? Schließlich sorgt das am Ende für die besten Erinnerungen.

Nie werde ich zum Beispiel den Berlinbesuch vor ein

paar Jahren vergessen, als ein paar Freundinnen und ich dem Touri-Trick aufgesessen waren, dass ein Städtetrip ohne Musicalkarten wie ein Ikea-Besuch ohne Köttbullar ist, und wir dachten: »Okay, dann *Tanz der Vampire*, ist ja immerhin ein bisschen gothic und so, lass mal angucken.« In aller Seelenruhe schön gestylt erreichen wir um kurz vor acht das Musical-Theater, posierten gechillt am Eingang für Selfies, um uns kurz zu wundern, warum hier nix los ist – bis ein Blick auf die Karten Gewissheit brachte: Beginn war bereits um 19.30 Uhr. Mit hochrotem Kopf hechteten wir zur Kasse, wo wir von einer dezent ihre Schadenfreude überspielenden Mitarbeiterin in einen Raum mit circa zwanzig anderen verpeilten Zuspätkommern geschickt wurden, die auf einem Bildschirm das Geschehen auf der Bühne gerade so gut verfolgten, wie es mit vor Scham herunterhängendem Kopf ebenso ging. Noch mal zwanzig Minuten später wurden wir zwischen zwei Akten wortlos in einen Seitengang reingeschleust und auf unbequemen Holz-Ausklappsitzen geparkt, auf denen wir uns die nächsten zwei Stunden vor Lachen angesichts dieser hochnotpeinlichen Situation in die Hand bissen und kaum noch Luft bekamen.

Wenn mich heute, einige Jahre später, jemand nach meiner Meinung zu diesem Musical befragt, fallen mir keine tollen Gesangspassagen, spektakulären Bühnenumbauten oder Special Effects ein, obwohl da wirklich der ganze Beißzahn-Bombast aufgefahren wurde. Das Einzige, woran ich mich erinnere, sind diese unwürdigen Holzklappstühle und die schamesroten Gesichter der Schicksalsgemeinschaft der Late Arrivals in der Loser-Lounge.

Fazit: Das, was wir *nicht* gesehen haben, nämlich den Großteil der ersten Hälfte, ist der Grund, dass wir uns heute noch darüber totlachen. Eine noch stärkere Erinnerung wäre wohl nur entstanden, wenn wir es komplett verbaselt hätten und einen Tag später gekommen wären, aber damals waren wir ja noch absolute Anfängerinnen im Bereich Erlebnisverweigerung. Kurz: Die Dinge, die man nicht macht, sind oft im Nachhinein wichtiger als die, die man gemacht hat. Und das ist doch irgendwie befreiend. Denn spätestens in der Mitte des Lebens fällt einem ja oft ein, dass man noch niemals in New York oder auf Hawaii war und inseltechnisch noch nicht mal über Borkum hinausgekommen ist. Muss man in Paris Souvenirverkäufer mit klimpernden Mini-Eiffeltürmen abgewimmelt haben, in Dubrovnik die Game-of-Thrones-Drehorte abgelaufen haben, im Disneyland Florida feststellen, dass die Fahrgeschäfte im *Phantasialand* in Brühl wesentlich besser organisiert sind? Kann man nicht einfach mal auf der Couch liegen, ohne durch dreckige Fenster, herumliegende T-Shirts und unerfüllte Lebensträume ein schlechtes Gewissen zu haben, was man in dieser Zeit alles hätte erledigen können – und die Erlebnisse feiern, die man NICHT gehabt hat? Wahrscheinlich hätte Karl May niemals ein so eindrückliches Bild des Wilden Westens zeichnen können, wenn er jemals dort gewesen wäre.

Ich war noch nie auf einer Mittelmeer-Cruise, bin noch nie Ski gefahren, habe noch nie einen Escape Room betreten und bereue nichts! Und mal unter uns: Was ist das überhaupt für ein doofes Konzept? Wenn ich in einer Rumpelkammer mit komischem Mobiliar eingeschlossen sein möchte, werfe ich einfach den Schlüssel aus dem Schlafzimmerfenster!

Ich bin im Leben noch nicht so besoffen gewesen, dass ich nicht mehr wusste, wie ich nach Hause gekommen bin, vielmehr finde ich schon nüchtern nach Einbruch der Dunkelheit kaum nach Hause. Keine Ahnung, was daran erstrebenswert sein soll, um vier Uhr in der Früh in einer Karaokebar »You could have had it aaaaaall!« zu schmettern und dann mit dem Gesicht flach in seinem Erbrochenen zu landen … Wenn man das zur Ausgestaltung eines interessanten Individuums mal gemacht haben muss, kann ich nur sagen: Sorry, dann isses jetzt wohl zu spät.

Ich habe auch kein einziges Tattoo … Okay, das könnte auch daran liegen, dass ich mit dem hippen Stecher in dem Studio in Essen-Kray eine Diskussion geführt habe, deren letzter Satz lautete: »Das ist Michael Landon, du Voll-Gonzo, nicht Che Guevara!« Dann bin ich unsanft vor die Tür gesetzt worden.

Aber ich bleibe dabei, weniger machen und weniger wollen ist ein sehr befriedigendes Prinzip, auch wenn es ziemlich spaßbremsig daherkommt.

Man hat zum Beispiel immer eine gute Entschuldigung für seine eigene Faulheit. Zum Beispiel im Garten: »Wie, Kraut und Rüben? Das ist eine naturbelassene Wiese für die Bienen, und der fünf Meter hohe Laubhaufen ist ein Biotop für Kleintiere!« Und ich kann auch immer wieder meine gute Seele raushängen lassen, wenn ich Besuchern meine muntere Meerschweinchensippe präsentiere. Die sagen dann meistens: »Was willst du denn damit? Mit denen kann man gar nix machen! Halt dir doch ein paar Hühner, dann hast du wenigstens Eier!« Wenn diese Leute wüssten, wie viel einem »nutzlose« Tiere geben. Ja, es ist wahr, die Viecher wollen einfach nix: Nicht gestreichelt werden, keine Tricks lernen, einfach nur ein paar Möhrchen mümmeln und aus einem gut geschützten Versteck die Welt beobachten, was sie zu 1A-Seelenverwandten qualifiziert. Allein das Beobachten dieser kleinen Wusel, die aussehen wie Riesenerdnüsse mit Fellummantelung, lässt einen herrlich runterkommen. Wenn ich eine hippe Selfcare-Jüngerin wäre, würde ich sagen: Ich praktiziere die Kunst des *Keyif*. So nennt man auf Türkisch die Kunst des stillen, zufriedenen In-sich-Ruhens, für das es auf Deutsch leider keine Übersetzung gibt (warum nur?). Ich finde, wenn man von Tieren ständig was zurückerwartet, sollte man sich besser keine anschaffen. Das Gleiche gilt für Kinder.

Auf den Nachwuchs ist das Weniger-ist-mehr-Prinzip übrigens auch gut anwendbar: Wahrscheinlich haben Kinder im Nachhinein entwicklungstechnisch mehr von den Tagen profitiert, an denen sie NICHT von der Schule abgeholt wurden. Kein Mama-Taxi kann lehren, was ein gnadenlos überfüllter Mittagsbus kann, denn nur hier haben Heranwachsende die Möglichkeit, die im Anti-Gewalt-Training gelernten Sätze anzubringen: »Halt! Stopp! Ich fühle mich bedroht! Bitte respektiere meine Grenzen!« (Was seine Wirkung allerdings erst so richtig entfalten kann, wenn man ein lautstarkes »Lass mich los, du Pisser!« hinterhergeschoben hat.)

Und seien wir mal ehrlich: Der Beziehung hilft jede

NICHT gestellte Frage vielleicht mehr als alles andere, vor allem, wenn sie gelautet hätte: »Und? Woran denkst du gerade?« Das soll natürlich keine Aufforderung sein, sein ganzes Leben in Lethargie zu versinken. Es gibt da draußen echt viel, für das man auf die Straße gehen muss. Aber Erlebnisse sammeln wie Trophäen ist einfach anstrengend.

Und man kann ja auch im Kleinen sehr viel bewirken. Wenn mich etwa ein Cold Caller anruft und mir ein Tageszeitungs-Abo oder streng limitierten Einhornkot zum Vorteilspreis anbietet, dann quatsche ich zwei Stunden freundlich mit diesem Telefondrückerkolonnenzombie und heuchle Interesse vor, weil ich weiß, dass er zumindest in dieser Zeit keine einsame alte Dame übern Tisch ziehen kann. Und am Ende schließe ich den Kaufvertrag unter dem Namen unseres Nachbarn ab, der jeden Samstag seinen Laubbläser im *Hellfest*-Modus laufen lässt. Außerdem habe ich mir einen Spinnen-Retter gekauft, mit dem ich an der Decke hockende Langbeiner unversehrt nach draußen befördern kann, statt sie gnadenlos einzusaugen. Mehr Karmapunkte kann es doch nicht geben, oder?

Und wenn ich irgendwann mal eine alte Schulfreundin in einem Café treffen sollte, freue ich mich schon darauf, mein PVC-Flip-Fotoalbum aus der Tasche zu ziehen und prahlerisch durch den Raum zu blöken: »Nein, die Bääääääääärbel! Hier, guck mal: mein Sitzkissen, meine Wärmflasche, meine Meerschweinchen.«

Was ich im Leben NICHT mehr brauche:

- Autofahren im Dunkeln
- Nach 20 Uhr das Haus verlassen
- Menschen, die schon morgens gute Laune haben
- Hotels mit Frühstück von 7.00 bis 9.00 Uhr
- Autofahren
- Wingsuit-Cliff-Jumping mit Overhead-Flip-Landung auf glühenden Kohlen auf La Gomera
- Vorbands
- In Plastik verpackte Avocadohälften
- Menschen

WENN ICH SAGE
»ICH WILL MAL WIEDER
RAUSGEHEN«, DANN MEINE
ICH INZWISCHEN MEISTENS
»AUF DIE TERRASSE«.

Sorgenfrei in zwei Minuten #1

Nehmen Sie sich eine Weltkarte - für die Jüngeren: Google Maps analog - und markieren Sie mit bunten Stecknadeln, wo Sie überall noch hinmöchten.

Rechnen Sie dann durch, was das kosten würde.

Legen Sie dann einen Bindfaden um die Orte, sodass diese ein Motiv ergeben, und lassen Sie es sich auf die Wade tätowieren. Darunter den Satz: Aim high, fly low.

Change Management: Altern wie im Bilderbuch

Eltern, Tanten, Onkel und Gelegenheits-Sitter kennen es: Da plumpst ein neues Erdenwesen auf die Welt, hat keine Ahnung von Menschen, Tieren oder Reißverschlüssen, will aber die Welt begreifen. Was nimmt man da zur Hand? Na klar, ein Bilderbuch. Dieses bietet, da sind sich Pädagogen einig, wertvolle Handlungsmuster zur Bewältigung des Alltags und Identifikationsfiguren zur Herausbildung der eigenen Persönlichkeit.

Aber für jene Zielgruppe, die es am dringendsten nötig hätte, dass ihr mal einer die Welt erklärt, gibt's überhaupt keine lustigen bunten Bücher: für die Frau in der Lebensmitte. Denn die ist im Gegensatz zu Kindern, deren Festplatte ja noch relativ leer ist, wirklich in einer merkwürdigen Situation, in der sie rein gar nichts mehr versteht.

Weshalb liest man plötzlich Zeitschriftenartikel mit dem Titel »Was Ihr Stuhlgang über Darmgesundheit verrät«? Warum muss man feststellen, dass das Haar, das man sich von der Bluse streifen möchte, am Kinn festhängt? Und wieso suchen wir plötzlich Marmelade nicht mehr nach Geschmack aus, sondern danach, wie gut sich das Glas als Garnrollen-Aufbewahrungsbehälter oder Seedbomb-Geschenkgefäß eignet?

Vielleicht sollte man ab vierzig schon mal Fühlbücher

zur Hand nehmen, um sich auf diese Schreckensmomente vorzubereiten. Jene pädagogisch wertvollen Anfass-Dinger, in denen vierzehn Monate alte Babys über ein bisschen schwarzbraunen Polyacrylstoff streichen, damit sie schon mal wissen, wie es sich anfühlt, im Zoo einen Leoparden zu streicheln, während Papa neben dem Raubtiergehege steht und *Candy Crush Saga* spielt. Warum gibt's nicht auch eine Midlife-Buchedition, bei der die Leserin langsam und sinnlich über ein Stück Schmirgelpapier streichen muss, um schon mal ein Gefühl dafür zu kriegen, wie sich ein weibliches Schienbein ab 39++ halt so anfühlt? Auch so ein sprechender Bilderbuch-Stift, mit dem sich moderne Eltern das lästige Vorlesen ersparen, wäre für dieses Marktsegment sicher der Knaller: Die in die Jahre gekommene Frau könnte damit auf ihre eigenen Körperteile drücken und bekommt von der Stimme gesagt, für was diese noch mal gut waren.

Oder vielleicht doch lieber diese tollen Aufklappbücher, mit denen man Kleinkindern monatelang den verblüffenden Wegzauber-Trick nahebringen kann? So wie die kleine Katze Pauline, die eben noch da war, auf einmal hinter einer Pappklappe verschwunden ist. Das wäre doch auch was für uns, nur dass sich das mantramäßig wiederholte »Ja, wo sind sie denn auf einmal?« auf unser schwindendes Haupthaar beziehen würde.

Ich fürchte allerdings, dass der Megaseller in diesem Segment »Ronja Regenbogen kommt in die Wechseljahre« heißen würde und in etwa so ginge:

»Heute ist ein schöner Tag! Ronja hat Geburtstag! Nicht irgendeiner, nein, sie ist heute genau ein halbes Jahrhundert auf der Welt. Hurraaa! Das muss gefeiert werden! Vor allem wenn man noch so fesch aussieht, jeden Tag mit dem Drahtesel eine Runde durch den Stadtpark dreht und in der Disco gerne mal eine flotte Sohle aufs Parkett legt. Oh, es klingelt an der Tür! Die Gäste sind da! Ihre Freundin Gundl schenkt ihr eine Flasche abgelaufenen gelben Likör und eine Plastiksalatschüssel mit passender Küchenschürze und der Aufschrift ›Sei lieb zu mir, ich koch dein Essen!‹. Fiona hat ein Buch über die fabelhaften Wechseljahre dabei, in dem steht, dass es die besten Jahre der Frau sind, wenn man denn nur genug Geld für Kollagenunterspritzungen und Haarverpflanzungen hat und einen Arzt kennt, der einen kennt, der einen mit Hormonen zuballert. Ronjas kleiner Bruder Fynn-Larson überreicht ihr ein T-Shirt mit der Aufschrift ›50, na und?‹ und tut überrascht, als sie feststellt, dass es drei Nummern zu klein ist. Der Schlawiner! Ihr Mann Leon-Dylan schenkt ihr ein neues Kärcher-Fensterreinigungsset, das sie sich schon immer gewünscht hat, weil die Werbung verspricht, dass es Reinigungs- und Fitnessgerät in einem ist und irre Spaß bringt. Beim Auspacken des letzten Päckchens ist sie allerdings ein bisschen enttäuscht, denn eigentlich hatte sie mit ›ein schöner Duft‹ auf dem Wunschzettel kein Wäscheparfüm gemeint. Ihre beiden Töchter Bibi und Tina überraschen sie abends mit einem Essen beim Italiener, der sie mit den Worten empfängt: ›Ah, buona sera, da kommte dreie bildhubsche Schwester für mangiare zusamme, che bella!‹ Sie teilen sich eine mittlere Pizza Rucola und prosten sich übermütig mit Lambrusco-Imitat zu. Als Ronja nach Hause kommt, hat der Gatte ihr schon mal liebevoll ein Lavendelbad eingelassen, die Wendeltreppe hoch ins Schlafzimmer mit Plastikrosen ausgestreut und die VHS-Kassette von *Hart aber herzlich* eingelegt, die sie beide eng umschlungen gucken, bis Ronja endlich selig gluckst: ›Hallo Seemann!‹«

Nach zwei Millionen verkauften Exemplaren würde aber vielleicht plötzlich jemandem im Verlag auffallen: »Hoppla! Statt das wahre Leben abzubilden, wird hier nur eine schablonierte Identifikationsvorlage geboten, die noch weniger Bezug zur Wirklichkeit hat als ein Trump-Anhänger im Oval Office! Lass mal schnell eine sensibel überarbeitete Version raushauen, bevor sich noch eine beschwert! Frag doch mal die Erika Scheuermann aus der Buchhaltung, die ist doch schon Ü 50!« Gute Idee. Die kritzelt in der Mittagspause dann mal eben eine krasse Storyline auf die Papierserviette, die sich in etwa so lesen würde:

»Boah, was ein geiler Tag heute, Ronnie hat allen Grund zum Feiern, denn sie ist fünfzig und noch nicht tot! Ihre Haare sehen aus wie halb abgeleckte Zuckerwatte, ihre Menstruation kommt noch unregelmäßiger als ein Regionalexpress der Deutschen Bahn, und sie schwitzt ständig wie zehn Möbelpacker mit freiem Oberkörper, die man über *MyHammer* angeheuert hat. Zu allem Übel hat sie heute arbeiten müssen, weil ihr Chef sie wegen ständiger Migräne eh schon auf dem Kieker hat und sie wieder mal nicht Nein sagen konnte.

Seit ihr Schwiegervater einen Schlaganfall hatte, arbeitet sie zu Hause, weil ihr Mann Jochen ja jeden Tag zehn Stunden in seiner Immobilienfirma verbringen muss, um Oma aus ihrer Zweieinhalb-Zimmer-Altbauwohnung zu klagen, damit man überteuerte Schnösel-Weekend-Apartments daraus machen kann. Aber heute will sie es mal so richtig krachen lassen, und damit meint sie nicht ihr Kniegelenk. Statt Grußkarten findet sie im Briefkasten allerdings nur ihren aktuellen Rentenbescheid. Sie öffnet ihn und ist den Tränen nah, denn, oh Schreck, sie ist in die Teilzeitfalle geraten, und zum Dank dafür, dass sie zwei Kinder großgezogen hat, kann sie sich jetzt schon mal auf monatlich 354,87 Euro Rente freuen.

Am Nachmittag wollen Ronnies Freundinnen zum Kaffeeklatsch kommen. Birgit hat in letzter Sekunde abgesagt, denn sie hat endlich trotz ihrer angegebenen Hobbys ›Makramé und Luftballontiere formen‹ ein Tinder-Date, von dem sie leider noch nicht weiß, dass es schrecklich schiefgehen wird. Sylvia, die ein eigenes Kosmetikstudio hat, bringt ihr einen ›10 % off‹-Voucher (den sie Wuschee ausspricht) fürs nächste Hautabraspeln mit, und Suse schenkt wie immer einen Kinogutschein, den Ronnie gerührt zu den anderen acht noch uneingelösten Gutscheinen aus den letzten Jahren legt.

›Der Kuchen ist unten ein bisschen trocken‹, entschuldigt sich das Geburtstagskind, worauf alle im Chor ›Hahaha-hihihi, das kenne ich‹ antworten und in eierlikörgeschwängertes Gelächter verfallen. Abends stellt sie fest, dass die Kinder nur eine *WhatsApp* geschrieben haben (»Hey Mum, happy Birthday. Kommen am Sonntag, bringen Buntwäsche mit.«) und nur die Schwiegermutter auf den AB gesprochen hast: ›Alles Gute, ich hoffe, du hast bei dem Trubel noch Zeit, um meinem Jochen was Anständiges zu kochen!‹

Um 23 Uhr rollt sie ihre angeschickerten Freundinnen aus dem Haus, erledigt noch schnell die Bügelwäsche und freut sich sehr, dass Jochen ihr liebevoll mit seinen in eine Reihe hingeworfenen Klamotten den Weg ins Schlafzimmer weist und ihr dort mit letzter Kraft noch süßlich ins Ohr säuselt: ›Schatz, jetzt, wo du von zu Hause aus arbeitest, brauchen wir doch eigentlich keine Putzfrau mehr, was meinst du?‹

Da reißt Ronnie endlich der Geduldsfaden, sie zieht aus, lässt sich scheiden und in der Toskana nieder, wo sie einen schmucken Olivenbauern datet und künftig in ihrem idyllischen Schreibzimmer im Landhausstil einen Bestseller nach dem anderen raushaut, auf die die Welt wirklich gewartet hat. Als da wären:

Das Kind, das du vor neunzehn Jahren in dir hattest, muss jetzt endlich mal eine Heimat im Nachbarort finden

Die Welle – mehr Ansatzvolumen für schütter werdendes Frauenhaar

Der Besuch der alten Damen – so räumst du bei der *Tupper*-Party nur schnell das Gastgeschenk ab

Mephisto – warum sie so viel bequemer sind als der *Medicus* von *Deichmann*

Die Verwandlung oder wieso sah ich gestern noch zehn Jahre jünger aus?

Der Mann ohne Eigenschaften – warum du ihn trotzdem lieben und ehren sollst

✎ Tausendundeine Nacht – weil das Leben im Dunklen einfach erträglicher ist

✎ Die Räuber – »Junger Mann, sind Sie wirklich von der *Telekom* oder ist das so eine neue Oma-Abzock-Masche?«

✎ Der Zauberberg – so erklärst du der Dessous-Verkäuferin, dass du *lightly minimizing with soft touch* möchtest, keine Eiswaffeltüten

✎ Die Tribute von Pan Am – »Ach, es heißt fünf Kilo Bordgepäck, nicht Bordgebäck?«

✎ Das Schweigen der Emma – weil die Wortbeiträge in der Brigitte einfach viel kürzer sind

✎ Früchte des Zorns – so entfernst du ohne Nervenzusammenbruch Weintrauben aus dem *Tchibo*-Bananenschneider

NICHT VERGESSEN, VOR JEDEM GEBURTSTAG MUSS MAN SICH SAGEN: »ICH BIN JETZT ÄLTER ALS GESTERN, ABER JÜNGER ALS MORGEN!«

Sorgenfrei in zwei Minuten #2

So erkennen Sie, ob eine neue Bekanntschaft zur neuen besten Freundin, zum neuen Partner oder Lieblingsnachbarn taugt:

Scannen Sie das Bücherregal. Sehen Sie Erich Kästner, die Brontë-Schwestern, Mark Twain und Oscar Wilde? Hervorragend! Aber wenn irgendwo »Der kleine Prinz« steht, dann laufen Sie um Ihr Leben.

Salt 'n' Preppa: Ich hab da mal was vorbereitet

Neulich wurde ich im Eingangsbereich einer Arztpraxis Zeugin eines Beinahe-Weltuntergangs. »Pack datt nich an!«, befahl eine Mutter ihrem Kindergartenkind, das freudig gegen die Eingangstür patschte, »da sind überall Bakterien drauf, weil alle anderen Leute krank sind, und wenn du datt anpackst, werden wir auch alle krank!«

Den Nachsatz »… und dann müssen wir alle sterben« hat sie nicht gesagt, aber man hat ihn trotzdem deutlich mitgehört. Ich stellte mir direkt vor, wie sie dem Kleinen beim Nachhausekommen erst mal panisch die Hände wäscht. Wahrscheinlich hat sie sogar diese No-Touch-Dinger von *Sagrotan*, also dieses Handwaschgel mit lustigen Bildern drauf für Pingel-Eltern, bei dem man einfach nur die Pfoten darunterhalten muss, ohne das Ding, auf dem ja auch sicher irgendwelche Killerkeime haften, berühren zu müssen. Seit der Spruch »Dreck reinigt den Magen« irgendwie aus der Mode gekommen ist und in jeder Butterbrotdose ein Desinfektionstuch liegt, sind die Fälle von Hautkrankheiten und Waschzwang bei Kindern gestiegen. Seit wir uns im Discounter eine Tüte über die Hand ziehen, bevor wir mit der Zange die Brötchen herausnehmen (die wahrscheinlich vorher alle schon einmal auf den Boden gefallen sind) und unsere Koffer am Flughafen vorsorglich in drei Pfund Plastikfolie einpacken, sind wir kaum noch auf böse Überraschungen vorbereitet. Im aktuellen Tchibo-Prospekt wird sogar eine Umzieh-Unterlage feilgeboten, für den Fall, dass in der Saunaumkleide vorher jemand mit bloßen Füßen den Boden berührt hat, der möglicherweise Affenpocken oder Maul- und Klauenseuche verbreiten könnte.

Zahlreiche wissenschaftliche Studien belegen, dass das Immunsystem in einer zu sauberen Umgebung verlernt, harmlose von krank machenden Erregern zu unterscheiden. Dadurch können sich die Abwehrkräfte nicht richtig ausbilden, die plötzlich harmlose Stoffe für feindliche Eindringlinge halten – und mit Allergien und Autoimmunkrankheiten reagieren. Wahrscheinlich sind diese Studien alle in Fachzeitschriften erschienen, die in Wartezimmern rumliegen, und so was fasst ja spätestens seit Corona keiner mehr an.

Okay, man muss jetzt nicht im Viererabteil in die Runde niesen, und das Händeschütteln ist wahrscheinlich auch ein für alle Mal passé, aber manche Leute haben Sprühflaschen im Putzschrank, mit denen sie selbst nach einer Nuklearkatastrophe komplette Krankenhäuser wieder grundgereinigt kriegen würden.

Ist das die vielzitierte German Angst – neben Blitzkrieg und Lederhosen einer der wenigen Begriffe, mit denen man auch im Ausland was anzufangen weiß? Ein allgegenwärtiges diffuses Gefühl der Bedrohung, das uns aus Sorge vor einem nicht näher definierten Fall der Fälle Klopapier horten und morgens um fünf in Cala Millor Handtücher auf Liegen werfen lässt?

Die Deutschen sind zudem dafür bekannt, mehr Geld in Versicherungen zu investieren als in gesundes Essen. Krankheit, Kfz, Haftpflicht, Hausrat, Rechtsschutz, Gebäude, Unfall, Leben, Berufsunfähigkeit, Reiserücktritt … Sogar gegen ausbleibende Lotto-Gewinne und das Steckenbleiben im Fahrstuhl kann man sich schon versichern. Was viele natürlich dazu verleitet, mindestens einmal im Jahr den Nachbarn wegen in den Garten hereinragender Zweige oder die kinderreiche Familie im zweiten Stock wegen Lärmbelästigung zu verklagen, wofür hat man sonst die ARAG-Card im Portemonnaie?

Wer braucht den ganzen Scheiß, und wer weiß überhaupt noch, gegen was er alles versichert ist? Die einzige Versicherung, die wir wirklich bräuchten, wäre eine, die immer dann greift, wenn wir zwar gegen etwas versichert sind, die Versicherungsgesellschaft aber wegen des auf Seite 29 ff. des Kleingedruckten in Paragraf 14b Absatz 3 skizzierten Ausnahmefalls nicht zahlen will. Quasi die Bischofskarte aus dem Siedler-Kartenspiel, die man immer dann neckisch aus dem Ärmel holt, wenn der Gegner einem mit Raubzug oder Feuerteufel droht. Solange es die nicht gibt, ist die einzige Police, die ich in greifbarer Nähe habe, *Outlandos d'Amour*.

Apropos greifbar, das Bundesamt für Bevölkerungsschutz und Katastrophenhilfe (BBK) bietet auf seiner Webseite inzwischen detaillierte Listen für die Notfallvorsorge von Dürre bis Lawinengefahr an. Klar, Regierungen, die sich vehement gegen die Verkehrswende und den Atomausstieg wehren, wollen sich natürlich nicht nachsagen lassen, man hätte nicht rechtzeitig gewarnt. Die Tipps haben es wirklich in sich: Man soll etwa Reservegetränkekisten als Sitzgelegenheit nutzen und statt einem zwei Pakete Nudeln kaufen. Eigentlich ideal, so kann sich jeder Messie-Haushalt immer damit rausreden, die Sprudelkanister im Flur und die überquellenden Schränke seien von der Bundesregierung eben so angeordnet.

Weiterhin empfiehlt das BBK, immer einen Notfallrucksack mit Medikamenten, Wasser, Taschenlampe, Dokumenten et cetera fertig gepackt zu haben. So verkehrt ist es sicher nicht, denn wer bei einem Hauseinsturz nicht sofort seine Geburtsurkunde schnappt, der existiert danach offiziell vielleicht gar nicht mehr. Ich befürchte allerdings, dass es bei mir ein ganzes Trolley-Set mit antiken Monchichis und EUROPA-Langspielplatten wäre, das den Notausgang versperren würde. Das Lustige an der Liste auf der Webseite des Bundesamtes ist allerdings, dass in diesem Zusammenhang ein Rucksack abgebildet ist, aus dessen Vortasche ein Stadtplan herausragt. Ein Stadtplan! Egal, ob Feuersbrunst oder Schneeverwehung, ich glaube, die allgemeine Lage wird nicht besser, wenn in den Trümmern Dutzende Unter-Dreißigjährige im Schlafanzug mit einer Straßenkarte herumlaufen und verzweifelt ältere Leute fragen, wie man diese liest. Ist das die Eigenverantwortung, die sich das BBK wünscht? Nach dem Motto: »Das Erdbeben konnten wir nicht voraussehen, aber wir haben den Leuten frühzeitig geraten, bei einem Notfall nie ohne Straßenatlas aus dem Haus zu gehen und damit jederzeit den kürzesten Weg zum Hauptpostamt zu finden, um dort dem Technischen Hilfswerk zu telegrafieren.«

Im Netz kann man außerdem schon fertig gepackte Notrucksäcke für 1.500 Euro kaufen – inklusive Regenponcho! Was mag da sonst noch drin sein? Ein Halma-Spiel für die Zeit, während der man auf dem Hausdach auf die Rettungsboote wartet? Eine Sofortbildkamera, damit man noch schnell ein Selfie schießen kann, bevor die glühende Lava das Ortseingangsschild erreicht?

Zugegeben, ich habe auch immer einen Notfallrucksack im Auto: Darin sind mehrere kleine faltbare Einkaufstaschen in einer größeren ebenfalls faltbaren Einkaufstasche, falls ich mal in einer fremden Stadt bin und spontan den Drang verspüre, mir ein Paar Stiefel oder einen großen Hefezopf zu kaufen. Dazu ein Taschenmesser für den Fall, dass ich beim Waldspaziergang mal irgendwo schöne Zweige für die Blumenvase sehe, sowie eine Ausgabe von Marcel Prousts *Auf der Suche nach der verlorenen Zeit*, wenn es beim Arzt mal wieder heißt: »Gehen Sie schon mal in die Zwei, der Doktor kommt gleich!«

In letzter Zeit hat diese risikoaverse Grundstimmung noch weitere Blüten getrieben: Die sogenannten Prepper sind auf alles prepared, was den Fahrplan des Lebens durcheinanderbringen könnte: Unwetter, Pandemien, Zeitumstellung, Alien-Angriffe.

Während wir uns früher nur über Rüdiger Nehberg amüsiert haben, der in Survivalkursen gezeigt hat, wie man aus Blättern Nachtlager baut und welche Insekten besonders proteinreich sind, gibt es inzwischen nicht wenige Leute, die sich quasi hobbymäßig mit dem Abwenden einer jederzeit denkbaren Apokalypse befassen. Sie bauen oder mieten Bunker, horten haltbare Lebensmittelvorräte und tauschen sich fleißig über ihre Methoden aus.

Gut, ich darf mich eigentlich nicht über diese Leute lustig machen, denn ich war eine dieser Muttis, die am Spielplatz wirklich immer ALLES dabeihatten: Windeln, Feuchtis, Tee, Gummibärchen, Zeckenzange, Bärchenpflaster und Wechselwäsche für Fünf- bis Zehnjährige, falls es mal länger dauerte. Da hätte die Welt so schnell nicht untergehen können. Und der Grundgedanke ist ja prima, schließlich waren wir ja früher alle Prepper, wie schon der Spruch »Jetzt geht's ans Eingemachte« belegt.

Wissenschaftler vermuten, dass hinter dieser Extremvorsorge negative Erfahrungen aus der Vergangenheit liegen könnten: Wer schon mal auf der Autobahn eingeschneit war, der hat immer einen Campingkocher bei sich, wer schon mal beim Wandern vom Weg abgekommen ist, geht nicht ohne Leuchtfeuerwerk auf den Eifelsteig. Und selbst wenn die meisten Deutschen im Prepper-Alter weder Flucht noch Hunger erlebt haben, die vererbten Kriegstraumata vorheriger Generationen sind sicher hierzulande auch nicht von der Hand zu weisen. Ein bisschen verstehen kann man diese Hobby-Horter ja, denn oft genug haben die gut gemeinten Prophylaxe-Props von »denen da oben« wie die Luca-App und die Riester-Rente ja gezeigt: guter Plan, leider nicht bis zum Ende durchdacht.

Im Netz, wo es inzwischen bald mehr Anleitungen für das Vorbereiten auf den Jüngsten Tag als für No-Bake-Strawberry-Cheesecake gibt, bekommt man jedoch ein ganz anderes Bild, wenn man sich mal durch die unzähligen Vorsorger-Filmchen klickt. Wenn die Mutter der Porzellankiste Vorsicht heißt, dann heißt der Vater des Extremfalls Thommy und hat einen eigenen YouTube-Kanal. Prepper Thommy, der nur unwesentlich erwachsener wirkt als Checker Tobi, zeigt hier etwa stolz seine Vorräte, sein kleines Waffenarsenal auf dem Esszimmertisch und erklärt dazu, wie er neulich mit der stets unterm Bett liegenden Machete zur Tür geeilt sei, weil draußen eine Horde Randalierer vorbeigezogen ist. Als er sich aber durch die Garage nach draußen geschlichen hatte, waren die schon wieder weg. Und das sagt er mit einem unverkennbaren Gesichtsausdruck der Enttäuschung, was ein wenig irritiert. Welcher Notarzt würde nach dem Einsatz sagen: »Mist, das Unfallopfer war nur leicht verletzt, dabei wollte ich doch so gerne beim Abendbrot wieder erzählen, welche Körperteile ich wieder alle einzeln von der Straße aufgesammelt habe«?

Ein zweiter Phänotyp, den ich bei meinem Streifzug durch die Welt der Allzeit-Abwehrbereiten ausgemacht habe, sind Familienväter mittleren Alters, die in ihren Kellern eine wohlsortierte Armada an Vorsorge-Schnickschnack bunkern und betonen, im Fall der Fälle die Familie beschützen zu wollen. Das ist natürlich ein edles Motiv und macht Menschen sympathischer, die neben Batterien und Brechbohnen jede Menge Handfeuerwaffen in den mit Ablaufdatum versehenen Aufbewahrungsboxen aus Plastik bevorraten. Gleichzeitig mutet die Mobilmachung in den Reihenhaussiedlungen wie ein verzweifelter letzter Strohhalm an, an den sich patriarchalisch geprägte Freizeit-Fermentierer klammern, deren Puls schon auf hundertneunzig rast, wenn ein fremdes Fahrzeug zum Wenden in die eigene Einfahrt fährt. In einer Welt, in der immer mehr Männer Nagellack auftragen und Veggie-Kebaps grillen, wollen viele mit Schwarzenegger und Schimanski sozialisierte Heiners und Gunnars eben wissen, wo der Vorschlaghammer hängt: im zweitletzten Regal hinten links, gleich neben dem Bluttransfusions-Hobbybaukasten.

Einfache Lösungen auf komplizierte Fragen müssen her, quasi die Erwachsenenversion des Sorgenfressers, den Eltern ihren Kindern aufs Bett setzen, damit der ihre Angst vor unterm Bett lauernden Monstern oder Omas Brokkolisoße einfach auffrisst – und am nächsten Morgen ist der Zettel im Stofftier-Schlund aufgefressen, die Sorgen sind weg, ohne dass man über diese nervigen Gefühle wie Angst und Bedrohung gesprochen haben muss.

Aber die ganze Zeit auf das Schlimmste vorbereitet zu sein, was für ein schreckliches Gefühl muss das sein? Und wie ernüchternd muss es erst sein, wenn die Katastrophe am Ende gar nicht eintritt? All die eingelegten Möhren, all die akribisch nach Farben sortierten Verteidigungsgeräte, all die Heldenfantasien à la: »Was wird der Kollege aus der Abteilung Schadensregulierung sagen, der seit fünfzehn Jahren ungerechtfertigterweise eine Gehaltsklasse über mir ist, wenn ich auf einmal in unserem Dorf die Wasservorräte zuteile?«

Und was, wenn es gar bei dieser Spezies eine selbsterfüllende Prophezeiung gibt? Wenn man immer auf den Zivilisationszerfall vorbereitet ist, passiert er irgendwann auch – und zwar dann, wenn der Prepper es bestimmt.

Vielleicht schon bei einem länger andauernden Regen, frei nach dem Motto: »Jetzt will ich den Notfallrucksack mit Regenponcho auch mal einsetzen, war ja immerhin schweineteuer, und die drei Kilo Jodtabletten müssen jetzt auch mal gegessen werden! Die Nina-Warn-App hat zwar nichts gemeldet, aber hier bestimme immer noch ich, wann Orkan ist!« Man kauft sich ja auch keinen BMW X6, wenn man nicht mit zweihundert Stundenkilometern über die Bahn brettern kann, notfalls auch im Stau durch die freigehaltene Rettungsgasse.

»Ich will halt vorbereitet sein«, sagt ein Dreifachvater im karierten Holzfällerhemd. Aber wie viele Feinde muss man haben, um es beruhigend zu finden, stets eine Knarre in der Nachttischschublade zu haben?

Ich weiß nicht, was mir mehr Angst macht, die katastrophale Weltlage oder einige dieser Typen, die mit Linseneintopf und Ikea-Teelichtern im bombensicheren Bungalowbunker sehnlichst auf die Apokalypse warten.

Klar, die Ereignisse der jüngsten Zeit haben gezeigt, wie schnell die Welt aus den Fugen geraten kann. Während man die Angsthasen nach dem nicht eingetretenen Millennium-Bug noch verlacht hat, gibt unsere bröckelige Weltordnung einem momentan ja genug Gründe zur extensiven Vorratshaltung.

Es mag naiv sein, aber wäre es nicht besser zu überlegen, wie wir alle einigermaßen heil aus was auch immer herauskommen? Nicht nur die, die sieben Fässer Weizenmehl gehortet haben?

Wie beklemmend muss eine Gegenwart sein, in der man sich nur panisch auf eine Zukunft vorbereitet, von der wir gar nicht wissen, ob, wie und wann sie sich bewahrheitet?

Keine Vorratskammer der Welt schützt davor, zur falschen Zeit am falschen Ort zu sein. Was passiert, passiert. Egal, ob man sich vorher Sorgen darüber gemacht hat oder nicht.

Und warum sollen wir im Daueralarmmodus sein, wenn sogar die Queen in ihrer Handtasche nur einen Marmeladentoast hat?

Vor den Dingen, vor denen ich am meisten Angst habe, kann ich mich nicht immer und überall schützen: Zirkusclowns, Talkshows mit Wolfgang Kubicki und diesen teuflischen Maßbändern, die ohne Ankündigung mit Affenzahn in ihre Dose zurückschnellen.

Sollte mich Tag X unvorbereitet treffen, habe ich halt das Nachsehen. In einer Welt, in der nur die Texas-Feuertopf-nach-Ablaufdatum-Sortierer und Haferflockenhorter überlebt haben, möchte ich ohnehin nicht sein.

Aber ich gebe zu, mich amüsiert jetzt schon die Vorstellung, dass nach einem apokalyptischen Großevent vielleicht irgendwo im Emsland ein zweiundfünfzigjähriger Bernd-Uwe im Tarnanzug den Riegel von der Bunkertür zur Seite schiebt und dann zu seinen Kindern sagt: »Schaut her, Chuck und Norris, ich habe vierzehn Eichenfässer Cerealien im eigens ausgegrabenen Keller gelagert!« Und die Jungs wimmern dann durch den Nebel der Verwüstung hindurch: »Sorry, Paps, datt packen wir nicht an. Da sind Rosinen drin. Igitt!«

LEBEN IST DAS, WAS PASSIERT,
WÄHREND DU DICH
GERADE FRAGST, WIE DIESES
COOLE ZITAT VON
JOHN LENNON
NOCH MAL GEHT.

Was die Deutschen[1] noch mehr fürchten als …

… sich in eine lange Schlange zu stellen:
sich als Letzter in eine Schlange zu stellen, ohne dass sich danach noch jemand anstellt.

… die teuren Bahnpreise:
das viel zu billige 9-Euro-Ticket.

… Politiker, die lügen:
Politiker, die die Wahrheit sagen, die man nicht hören will.

… beim Arzt drei Stunden im Wartezimmer zu sitzen:
drei Stunden im Wartezimmer zu sitzen und dann zu erfahren, dass man nix Schlimmes hat.

---

1 Wie alle Deutschen meint die Autorin mit »die Deutschen« natürlich: »die anderen Deutschen«.

… diese sinnlose und aufgezwungene Mülltrennung:
mitzubekommen, dass die Studi-WG im Dachgeschoss
keinen Müll trennt.

… die Aussicht auf eine Klimaveränderung, durch die
sehr bald Flut-, Hunger- und Dürrekatastrophen die Welt
beherrschen könnten:
dank Tempo 100 nicht rechtzeitig zu diesen Events hinzu-
kommen, um sie zu filmen.

Sorgenfrei in zwei Minuten #3

Gehen Ihre Wünsche und Ziele immer wieder in einem Wust aus unstrukturierten Zieldefinitionen und planlosem Vorgehen unter? Stattdessen sollten Sie stets nach einem festen Kursbuch vorgehen und sich immer strikt daran halten:

• Ziel setzen
• Plan erstellen
• Andere mit seinem Plan nerven
• Ziel nicht erreichen
• Behaupten, man sei glücklich, so wie es ist

Betriebsklimakterium:
Rita, wo sind denn die Disketten?

Viele Jahre meines Lebens habe ich am Schreibtisch gearbeitet: in Redaktionen, Agenturen, Verlagen. Und immer haben meine Co-Worker (die damals noch Kollegen hießen) und ich uns beömmelt über Mitarbeiter, die die Zeichen der Zeit nicht wahrhaben wollten. Jenen Mittfünfziger, der seine Jazz-Kritiken auf einen Collegeblock gekritzelt hatte und diese nun zwei Minuten vor Redaktionsschluss in den Computer eingeben musste: »Guntmar, wenn du den Text mit nach Hause nehmen willst, musst du ihn auf Laufwerk a: speichern, das ist das Diskettenlaufwerk. Du bist aber auf c:, ist doch nicht so schwer!« Oder Schlussredakteurin Petra, die sich selbst 2005 noch hartnäckig gegen das Versenden von Bilddateien ausgesprochen hat (»Die gehen immer verloren!«), sodass jede Lokalredaktion dreimal pro Woche auf der Rückseite beschriftete Papierfotos per Kurier über die Autobahn jagen musste, damit diese dann in der Zentrale eingescannt und in Dateien verwandelt wurden. Wir dagegen waren die Jungen, die Coolen, die, die am Computer *U don't know Jack* spielten und die Konzertkarten für die Red Hot Chili Peppers für die Leserverlosung einfach selbst abgriffen, weil's die tranigen Mumien vom Leserservice eh nicht mitkriegen würden. Und kaum geht man mal eben etwas länger in die Teeküche, zack, kommt man als Mitglied des Ältestenrats wieder heraus. Es heißt ja immer, man sei nur so alt, wie man sich fühle. Ich fühle mich in der modernen Arbeitswelt manchmal, als hätte man mich gerade aus dem Eichensarg freigesägt, mir einen Grande White decaffed in die Hand gedrückt und direkt ins Büro geschickt.

Kein Wunder, ich komme nämlich aus einer Zeit, in der es schon als Reizüberflutung galt, dass Ernie einen quergestreiften Pulli trug und Bert einen längsgestreiften. Und auf einmal sollen wir chatten, zoomen, teamen, streamen und ständig zwölf Mitarbeiter in cc setzen.

Meinen ersten Zeitungsartikel habe ich noch in eine elektrische Schreibmaschine gemeißelt, und das »elektrisch« stand damals für krassen Tech-Shit. Damals hat man allerdings noch erst überlegt und dann geschrieben. Und es ist mir noch nie passiert, dass ich einen Brief, den ich mit liebevoller Sorgsamkeit verfasst hatte (Fehler konnte man ja nur mit Tipp-Ex beheben), aus Versehen an den falschen Absender geschickt habe. Oder direkt an alle Mitarbeiter. Und ich musste noch kein Fernstudium absolvieren, um Betreffzeilen wie »Statische Websites und PHP-Anwendungen direkt via GitHub deployen« zu entschlüsseln.

Und auf einmal ist aus »Das Amt« »Die IT-Crowd« geworden. Jeden Tag gibt es neue technische Gadgets und angeblich effizientere Arbeitsabläufe. Statt mein Gegenüber am Schreibtisch zu fragen »Wie weit biste eigentlich mit der Weihnachtsfeierplanung?«, logge ich mich auf einer Work-Management-Plattform ein, gehe dann auf »Passwort vergessen«, überlege mir ein neues, beim siebten Versuch auch eins mit Zahlen und Sonderzeichen, gehe dann auf den Ordner »Projekte« und sehe »Tim ist noch in der Planungsphase 1«, Neudeutsch für: »Er hat bereits bei *Aldi* und *Lidl* die Dosenbierpreise verglichen.«

Alle sind immer so busy, gründen immer schnell noch nach Feierabend ein »fast growing business«, kaufen mit einem Swipe ein paar Aktien und schlürfen mit der anderen Hand eine Flasche Mate-Limo, während ich mir mit Mühe und Not die drei Tasten merken kann, die den Task-Manager aktivieren. Aber anscheinend sind doch nicht alle so gechillt, wie sie sich geben. Oder warum sonst punktieren sich so viele Menschen mit geräuschunterdrückenden Earpods das Trommelfell oder hocken sich ins Mute Lab? Leute, was IST das? Vierundzwanzig Leute in ein Großraumbüro quetschen, in dem die Arbeitsbereiche mit Pappwänden voneinander getrennt sind und jeder alle drei Sekunden einen neuen Electronic Easy Listening Song in die Spotify-Playlist wirft, die mit irrer Lautstärke aus der Megabass-Bluetooth-Box schallt – und wenn dann jemand Stresshormone ausschüttet, soll er sich in so eine Telefonzelle setzen. (Für die, die diesen Begriff nicht mehr kennen: Das ist so eine Art Handy zum Reinsetzen.) Wenn ich mich in so eine Vakuum-Box hocken würde, hätte ich alles andere als Ruhe, weil ich mich spontan in die Kandidatenkapsel von *Der große Preis* zurückgeschleudert fühlen und »Tiere 40, bitte!« rufen würde. Nein, danke. Wenn ich am Arbeitsplatz Entschleunigung brauche, schließe ich einfach mein altes 56k-Modem an und mache die zwei Stunden, bis sich der Browser öffnet, einfach die Augen zu.

Und auch sonst wird die Jobwelt immer skurriler: Bewerbungen, die man früher akribisch auf Büttenpapier verfasste und passgenau mit Profi-Bildnis in Ledermappen klemmte, beschränken sich inzwischen auf: »Name, Alter, welche dieser zwölf Fotos zeigen Wasserfahrzeuge?« Nein, ich bin kein Roboter, auch wenn meine Gehbewegungen dank Titan-Hüfte Selbiges vermuten lassen.

Alle werden schon beim Vorstellungsgespräch geduzt, denn hey, wir sind eine große Familie, und außerdem kann man in flachen Hierarchien besser sagen: »Sorry, du, aber mehr Geld iss momentan nich'.«

Betriebsausflüge heißen jetzt *Company Incentive*. Statt einer feuchtfröhlichen Dampferfahrt auf dem Rhein gibt es jetzt einen Bogenschießen-Workshop für Body und Soul, bei dem man lernt, seine Wut und Ohnmacht angesichts der seit Jahren andauernden untertariflichen Bezahlung einfach mit dem Fokus auf den Inner Circle und die richtige Atmung wieder auszugleichen. Außerdem schwingt stets der Verdacht mit, dass beim Paintball in Gütersloh oder Esel-Trekking in der Eifel immer ein Personaler mit dabei ist, der die Leute aus den Augenwinkeln auf Persönlichkeitseigenschaften und die Tauglichkeit für verschiedene Positionen testet: »Der Linus lässt beim Abschießen auffällig viele Aggressionen ab, ob der so der Richtige für die Leitung des Beschwerdemanagements ist?«

Und das Schlimme: Ich kann mich noch nicht mal genüsslich alt fühlen. Gerade habe ich etwa in einer Business-Fachzeitung den dringenden Ratschlag gelesen:

»Machen Sie Ihr Alter nicht immer zum Thema.« Man solle etwa Sätze vermeiden wie »Das merke ich mir in diesem Leben nicht mehr« oder »Das gab es zu meiner Zeit noch nicht«. Warum nicht? So ein Verhaltensbefehl klingt irgendwie nach »Kaschieren Sie Ihre unschönen Pölsterchen mit diesem modischen Big-Shirt« (das Sie zwar zwanzig Jahre älter macht, aber wenigstens muss dann keiner Ihre Speckrollen ertragen). Ich würde ja gerne mein Alter leugnen, aber spätestens bei dem Versuch, nach dem casual Work Lunch wieder von der Europalette aufzustehen, muss ich den Versuch abbrechen. Vielmehr hätte mich in dem Artikel die Beantwortung folgender Frage interessiert: Wann genau ist der Punkt, an dem es kippt und aus Erfahrung Ballast wird? Denn ein Arbeitsleben vollzieht sich ja offenbar in folgenden fünf Phasen:

Phase 1: »Sie haben fünf Jahre Berufserfahrung, hey, willkommen im Team.«

Phase 2: »Sie haben zehn Jahre Expertise – okay, ein echter Pro, was ist Ihr Wunschgehalt?«

Phase 3: »Sie sind fünfzehn Jahre im Job – okay, wenn Sie unseren Firmensport regelmäßig nutzen, haben Sie die Stelle.«

Phase 4: »Sie sind zwanzig Jahre im Beruf? Davon zehn Jahre Auslandserfahrung, Sie sprechen vier Sprachen, haben sieben Führungspositionen gehabt? Spitze, wir suchen noch jemanden für die Pforte.«

Phase 5: »Sie sind fünfund... Pssst, nicht so laut, wenn die anderen das hören, wollen die auch orthopädische Büromöbel!«

Es ist wie beim Joghurt. Gestern noch top in Schuss, heute blaugrün bepelzt. Wann genau war der Punkt, als es anfing? Gestern Abend um elf, als ich kurz die Kühlschranktür fünf Sekunden aufgemacht habe, um ein Kühlakku für die pulsierende Stirn rauszuholen? Oder war er schon seit Längerem innerlich vergammelt, ohne dass es einer gemerkt hat?

Tja, es geht eben sehr schnell, auch wenn das sicher auch so ein Spruch ist, den man laut Business-Blättchen vermeiden soll: Nur mal eben kurz eine Auszeit genommen, Kinder großgezogen, Wehwehchen auskuriert und *Lost* zu Ende geguckt, und zack, ist man selbst Statist in der Oldie-Show. Natürlich glaube ich, dass alle anderen mich als coole Alte wahrnehmen, die wahnsinnig mit der Zeit geht. Immerhin benutze ich ja Zwinker-Emojis und horte Energy Power Balls in meiner Schreibtischschublade. Manchmal habe ich aber das Gefühl, ich bin jetzt da, wo Jazz-Guntmar und Print-Petra gerade noch waren. Und ich merke erst jetzt, was ich meinen Kollegen damals mit meiner Häme angetan habe. Wahrscheinlich haben diese sich damals auch schon gefragt: Warum sind zehn Jahre Erfahrung auf einem Fachgebiet in einem Lebenslauf top, zwanzig immer noch beeindruckend, dreißig Jahre jedoch abschreckend? Man sagt ja auch nicht: »Was, Sie bieten mir 3000 Euro netto? Sorry, aber 1000 reichen mir!«

Ich befürchte, wer heutzutage einen Best Ager einstellt, der tut das nur, weil es gut für die Außendarstellung ist: Seht her, wir haben nicht nur Fahrradständer und E-Auto-Ladestationen vor dem Haus, sondern wir stellen auch

Leute ein, die noch Windows 95 kennen! Nur mal so unter uns: Die meisten Native Americans haben bei einer nahenden Hungerkatastrophe bestimmt nicht Kleine fliegende Feder befragt, wo der Büffel langläuft, sondern Old Sitting Buffalo, der schon neunundsiebzig Winter miterlebt hat. Just sayin'.

Okay, die Leute haben heute mit Mitte zwanzig schon einen Uni-Abschluss und siebzehn Praktika vorzuweisen, während wir in diesem Alter alle noch planlos von Skandinavistik zu Getränketechnologie switchten. Aber wäre es nicht an der Zeit, Menschen nicht nach Alter einzustellen, sondern nach Können, Motivation, Erfahrung und der eidesstattlichen Versicherung, mittags keinen Grünkohl in der Mikrowelle aufzuwärmen? Oder die noch traditionelle handwerkliche Fähigkeiten mitbringen, etwa Telefonieren?

Wer noch lebhafte Erinnerungen an die Kreidezeit hat, der erinnert sich an dieses Simultaneously-Speaking-Device. Die Wirkweise dieser Erfindung ist vielen nicht mehr klar, dabei ist sie doch so einfach: Man wählt eine Nummer, und es nimmt dann jemand ab oder eben nicht. Dann versucht man es später noch mal oder redet auf diesen ominösen Anrufbeantworter, der ja eigentlich self-explanatory ist: »Hier ist X, es geht um Y, rufen Sie mich dann und dann zurück.« Hypereffizient, verstehen die meisten aber heutzutage nicht. Sobald das Band läuft, legen alle panisch auf, um dann gleichzeitig E-Mails, WhatsApps und Messenger-Nachrichten zu schreiben: *Konnte Sie leider nicht erreichen und bin jetzt bis 12 zum Lounge und dann zwischen drei und drei viertel fünf wei-*

der eichbar. Wenn Sie mich dann nict wischen, vllt in der 14., 17. oder 23 KW zwachen 10 und 11? Ich ignoriere so was immer gerne und rufe stattdessen sofort zurück: »Ich habe gesehen, dass Sie angerufen haben, aber keine Nachricht hinterlassen wollten. Das lässt natürlich eine große Unsicherheit in Ihrer Persönlichkeitsstruktur erkennen, wollen wir mal in vertrauensvoller Atmosphäre darüber reden? Rufen Sie einfach spontan an, wenn es Ihnen passt, ICH habe keine Probleme damit!« Leute, wovor habt ihr Angst? Das ist ja, wie wenn der Briefträger gerade etwas einwerfen will, dann aber sieht, dass niemand zu Hause ist, und das Schreiben wieder in die Fahrradtasche steckt: »Ach komm, ist eh niemand da, der den Brief jetzt lesen könnte, da versuche ich es lieber übermorgen noch mal!«

Es ist schon verrückt: Tischreservierungen, Sommerurlaub, Partnerwahl – alles wird online erledigt. Als Folge scheinen spontane Gespräche, bei denen man erstens nicht weiß, ob und wann jemand antwortet und bei denen man mit Sätzen reagieren muss, die man nicht vorher noch einmal kurz abhören kann, viele Mitmenschen nachhaltig zu verstören. Sorry, war der Satz ein wenig zu lang? Hier eine kurze Erläuterung.

Die drei Stufen des Telefonierens früher:

1. Anrufen
2. Reden
3. Auflegen

Die drei Stufen des Telefonierens heute:

1. Schriftlich einen Termin für ein Telefongespräch vereinbaren.
2. Die Person anrufen und fragen, ob man gerade stört.
3. Eine Mail schreiben mit dem Inhalt »Ich wollte Ihnen noch kurz schriftlich Feedback über unser gerade geführtes Gespräch geben, denn wir achten sehr auf Offenheit und Wertschätzung und ein optimales Kommunikationserlebnis.«

(Danke, Ylvie-Lilou, aber ich weiß selbst, wie das Gespräch gelaufen ist: Ich war ja dabei!)

Bevor ich mich aber noch weiter in den »Hach, früher war alles besser«-Modus verstricke: Stimmt ja so auch nicht. Ich habe es leider noch in guter beziehungsweise schlechter Erinnerung: zweifelhafte Motivationssprüche vom Chef (»Was können Ihre flinken Tippfinger denn sonst noch alles?«), selbstverständliches Kettenrauchen im Großraumbüro, Campingstühle als Sitzmöbel … und die Arbeitsschutzmaßnahmen waren darauf beschränkt, dass niemand ein Poster von Gina Wild über das Notausgangs-Schild hängen durfte.

Und überhaupt, liebe Post-Millenials, Generation Y und Z oder wie ihr in zwei Wochen auch immer genannt werdet. Ich habe wirklich Respekt vor euch. Ihr wollt nicht nur euren Lebenslauf optimieren, sondern in eurem Job wirklich was bewirken. Ihr sorgt für Mentoring-Programme und Menstruationsartikel auf dem Damen-WC, und dabei wisst ihr nicht mal, ob es den Job, in dem ihr gerade ein Volontariat absolviert, in drei Jahren überhaupt noch gibt. Ihr geht fleißig Klinken putzen, und das nicht nur im sprichwörtlichen Sinne. Und dazu müsst ihr euch noch Generation Feierabend schimpfen lassen, nur weil ihr keinen Bock habt, wie eure Eltern eure Karriereschritte in Schule-Uni-Job-Burnout einzuteilen. Da kann ich nur sagen: same!

Für mich wäre das Büro der Zukunft eine Art Mehrgenerationen-Office, in dem die Älteren die Youngsters zu einer Steno-Challenge einladen und das junge Gemüse der Generation Gold geduldig zeigt, wie man den Google-Verlauf löscht, damit sie ohne schlechtes Gewissen während der Arbeitszeit *Die nackte Kanone* gucken können. Alle Silver Worker hätten eine Notfalltaste am Schreibtisch, die dafür sorgt, dass sie sofort künstlich beatmet werden, wenn jemand im Raum sagt: »Kannst du das mal *asap as possible* handeln?« Im Gegenzug verpflichten sie sich dazu, nicht ständig die Kenntnis von mindestens drei Songs einzufordern, wenn mal wieder ein Azubi ein AC/DC-Shirt von *H&M* trägt. Deal?

Vielleicht sollten wir uns aber auch einfach darauf einigen: Egal, wie weit man zu seinem Geburtsjahr runterscrollen muss, bekloppte Leute gibt's in jedem Alter! Sorgen mache ich mir erst, wenn ich mein Büro mit mehr als drei Leuten der folgenden Sorte teilen muss und das Mute Lab gerade besetzt ist:

»Besorg ich dir«-Bernd

Er hat anscheinend keine Familie und bietet jedem ungefragt seine magische Fähigkeit als Türöffner an: »Hey, ich
habe gute Connections zur Materialbeschaffung. Wenn
du mal Kopierpapier für den Eigenbedarf brauchst oder
einen fast nagelneuen Drucker, geh einfach in Zimmer
229 und sage schöne Grüße von Bernie. Morgen früh
ist übrigens Pre-Work-Networking-Breakfast von 5.00
bis 6.00 Uhr im Tennisheim, hast du dich schon in die
Doodle-Liste eingetragen? Ach ja, und am Wochenende
ist wieder Teambuildingmaßnahme im Teutoburger Wald.
Völlig freiwillig natürlich, aber nur so unter uns: Die
Riedmüller von der Verwaltung steht total auf Nightwish.
Wenn wir ein mystisches Frühstück bei Sonnenaufgang
vor den Externsteinen organisieren, spendiert die uns
bestimmt eine Firmenkarte fürs Parkhaus. Aber von mir
habt ihr's nicht, okay?«

Danke, nein, Bernd-Olaf, ich brauche keine Photoshop-
Shareware von 1999, auch nicht für einen guten Preis.

Gute-Laune-Gerti

Sie ist die gute Seele des Betriebs, trägt Romika-Stretch-
sneaker und zu enge Viskoseshirts mit Blumenmuster.
Zu ihrer Büroausstattung gehören ein Ficus benjamina,
Ü-Eier-Figuren auf dem Rechner sowie Postkarten mit
Leuchttürmen an der Korkpinnwand. In ihrem Thermo-
Einkaufskorb finden sich Kartoffelsalat und Donauwel-
len, und sie singt lautstark mit, wenn aus dem Transistor-
radio *Lemon Tree* schallt.

Außerdem schickt sie gerne mal aus Versehen Fotos

vom Aqua-Jogging-Kurs an die ganze Belegschaft (»Ich dachte, cc heißt Costa Cordalis? Das ganze E-Mail-Gedöns ist mir zu kompliziert, in fünf Jahren gehe ich eh in Frührente.«)

Okay, Gerti, die paar Jahre schaffen wir jetzt auch noch. Aber vergiss bitte nicht, deine Holzkugel-Rückenmassagematte und den Weight-Watchers-Nudelsalat aus dem Kühlschrank mitzunehmen.

IT-Sven

Er sitzt als lonesome Cowboy in einem Kellerraum ohne Fenster, hat Poster vom A-Team und Heidi Klum an der Wand und meint das nicht mal ironisch. Sein Vokabular beschränkt sich auf »Hallo« und »Bin weg«. Wenn er ganz gesprächig ist, auch mal: »Kein Back-up? Kein Mitleid.« Oder: »Man steckt nicht drin.« Alle fragen sich, was er eigentlich den ganzen Tag tut, aber immer wenn man das wissen will, sagt er: »Der lädt gerade noch.« Auf Geburtstags-Gatherings in der Küche wächst er aber immer wieder mit unerwarteten Sprüchen über sich hinaus, wie etwa: »Ich würde ja deinen Kuchen essen, wenn er nicht so Hardware.«

Alles klar, Blutsvente, aber wenn du noch einmal »Och, ich brauche kein Pflaster, ist nur 'ne Schnittstelle« sagst, dann bringe ich nie wieder Cookies mit!

Übergangs-Jenny

Die »Ich habe ja eigentlich studiert und mache das hier nur als Übergang«-Trulla. Ja, sicher Jen, du hast Vergleichende Literaturwissenschaft und Theologie studiert, aber damit war in der Chefetage von VW zufällig gerade nix mehr frei. Das war vor elf Jahren. Seither sitzt du hier und betonst bei jedem Lochen, Tackern oder Urlaubspläne umorganisieren (»Im August kannst du nicht weg, da nehme ich Bildungsurlaub in der Toskana.«), dass das ja eigentlich unter deiner Würde ist.

Schon klar, Dschenni, bei dieser chronischen Unterforderung hat jeder Verständnis dafür, dass du jeden zweiten Tag krank bist.

Seba, der Streber

Er fühlt sich durch einen Nadelstreifenanzug von Angelo Litrico, den seine Mama ihm beim C&A-Sale gekauft hat, zum veritablen Game Changer berufen: »Ich finde, wir können mindestens zwanzig Prozent effizienter werden, wenn ihr euch alle mehr committen würdet. Wenn wir die Frühstückspausen auf einen Time Slot von fünf Mins reducen und ein Pro-Desk-Eating-Environment ermöglichen, können wir die Produktivität auf das next level bringen. Plus, wir sollten jedes Projekt von einem Projektleiter leiten lassen, der sicherstellt, dass das Projektmanagement immer key ist.«

Sorry, Basti Boy, aber bisschen over-motivated für einen 24-Stunden-Schlüsseldienst in Dortmund-Dorstfeld, don't you think?

PS: Und wenn man mal so GAR keinen Bock auf irgendeine Arbeit hat, einfach das Vorstellungsgespräch folgendermaßen gestalten:

The ultimate guide to get the job. Not.

Was unterscheidet Sie von anderen Bewerbern?
Mindestens zwanzig Jahre und die Fähigkeit, Farbbänder auszutauschen.

Warum interessieren Sie sich für unser Unternehmen?
Ich wollte mal sehen, ob die vielen miesen Google-Rezis gerechtfertigt sind.

Was war Ihre letzte Position?
Auf dem Bauch unter der Couch liegend, den Arm nach der Fernbedienung ausstreckend.

Kennen Sie sich mit moderner Technik aus?
Aber klar! Ich weiß zum Beispiel, dass man den Tonkopf beim Kassettenrekorder am besten mit einem in Nagellackentferner getränkten Wattestäbchen reinigt.

Haben Sie ein Motto, das Ihre Arbeitsweise beschreibt?
Es gibt immer zwei Arten, etwas zu tun: meine und die falsche.

Haben Sie irgendwelche besonderen Fähigkeiten?
Ich kenne die Vornamen aller Barbapapa-Figuren.

Was sind Ihre Soft Skills?
Soft Skills? Waren das nicht die mit *Tainted Love?*

Wenn Sie ein Tier wären, welches wäre das?

Eine Katze. Die steht nämlich nur auf, um sich woanders hinzulegen.

Haben Sie ein Auto?

Ich glaube, die bessere Frage wäre: Haben Sie ein Auto, das fährt.

Sind Sie belastbar und können auch unter hohem Termindruck arbeiten?

»Klaro. Sorry, muss mal kurz rangehen! … *Davindra-Suleika, hi!* … Schreiben Sie mir die restlichen Fragen auf, ich gebe Ihnen gleich im Auto Feedback dazu … *Ja, Davy, ich bin sozusagen schon unterwegs, bitte den Feuerlöscher senkrecht halten, hörst du?* … Be right back, Herr Kleine-Schäfer!«

ICH BIN SO ALT,
ZU MEINER ZEIT
HIESS PROKRASTINATION
AM ARBEITSPLATZ
NOCH
»MOORHUHNSCHIESSEN«.

War früher alles besser?
Hier eine kleine Entscheidungshilfe:

Job früher	Job heute
Oh, soll ich dir wirklich beide Fotos in einer Mail schicken? Das sind ja fast 120 Kilobyte!	Hab dir die vier Stunden Urlaubsvideos vor zwei Sekunden per WeTransfer geschickt, sag bloß, die sind nicht da?
Reichste mal den Aschi rüber?	Zu unseren Health Rules zählen die Vermeidung von Nikotin und zuckerhaltigen Getränken. Außerdem ist alle drei Stunden eine Viertelstunde Powernap in der Relax-Box Pflicht.
Frollein, wer ist denn Ihr Chef?	Wir sind alle auf einem Level und treffen Entscheidungen gemeinsam, indem wir erst zu einem Thema zwei Stunden zoomen und anschließend in Einzelarbeit Key Points erarbeiten, die wir dann mit der Gruppe sharen.
Teilzeit ist okay, Frau Meyer, aber dann bringen Sie zweimal die Woche einen Kuchen mit, gell?	Als familienfreundliches Unternehmen erlauben wir es männlichen Mitarbeitern, einmal pro Woche fünfzehn Minuten eher den Arbeitsplatz zu verlassen, wenn sie dafür am Wochenende kommen.
Na klar bekommen Sie Weihnachtsgeld, Urlaubsgeld und können nach zwei Wochen im Job in Kur gehen.	Hey, du kriegst nach zehn Jahren einen fancy Turnbeutel mit Firmenlogo.

Sorgenfrei in zwei Minuten #4

So verhindern Sie die Sorge, Ihre Work-Life-Balance nicht im Gleichgewicht zu haben: Überlegen Sie sich ein Hobby, das für Sie nie infrage gekommen wäre. Zum Beispiel Bauernregeln auf Geschirrtücher sticken oder Besteckbiegen.

Reden Sie sich und anderen dann ein, dass Sie dieses Hobby aus Liebe zu Ihrem Partner, Ihren Kindern oder wegen der pflegeintensiven Einbauküche aufgegeben haben, und bauen Sie dies immer wieder augenrollend unter Miteinbeziehung des Satzes »Tja, was macht man nicht alles !« in sämtliche Gespräche mit ein.

Spice up your Sex-Life? Öööh … nein.

Ab der Lebensmitte ändert sich schlagartig ALLES, wenn man den allgegenwärtigen Experten glaubt: Spätestens mit fünfzig dürfen wir dienstags und freitags nur Rohkost und von 11 bis 20 Uhr keine Lebensmittel mit mehr als zwei Vokalen essen, nur noch knöchellange Mörtelsäcke tragen und gehorsam unsere liebgewonnenen langen Haare gegen einen pflegeleichten pfiffigen Kurzschopf eintauschen. Was aber am schwersten zu ertragen ist, ist der pseudo-augenzwinkernde Hinweis in sämtlichen Sanitätshausblättchen, Menopausen-Magazinen und Bild-der-nicht-mehr-ganz-so-taufrischen-Frau-Blogs, dass wir doch jetzt mal wieder, bitte schön frischen Wind ins Schlafzimmer bringen sollen! Zwinker, zwinker! Wo man auch hinschaut, überall heißt es im zackigen Kasernenton: »So bringen Sie wieder Pep in Ihre Beziehung!« Was natürlich unterstellt, dass wir momentan (und wahrscheinlich die letzten fünfzehn bis zwanzig Jahre) keinen Pep in der Beziehung hatten.

Das erinnert an ein »Danke für Ihr Verständnis«-Schild nach der dreißig Kilometer langen einspurigen Autobahn, für die man nach zweieinhalb Stunden Kriechtempo in der Mittagshitze alle möglichen Emotionen hat, nur nicht Verständnis.

Auch mein Gynäkologe fragt mich mittlerweile beim alljährlichen TÜV-Termin gar nicht mehr, wie's geht, sondern schaut nur kurz aufs Geburtsdatum, um dann ohne Vorwarnung zu rufen: »Schmieren, schmieren, am besten mit Olivenöl!« Bitte? Soll ich mich dann vielleicht wieder fühlen wie Madonna im weißen Brautkleid, nur weil da »extra vergine« draufsteht? Ich wollte eigentlich über meinen vermehrten Haarausfall und meine prämenstruelle Migräne reden, aber nein, da kriege ich einfach mal so ungefragt Dürre im Einliegergeschoss attestiert und fragwürdige Behandlungsmethoden frei Haus dazu. Vielleicht hat er irgendwelche Verträge mit toskanischen Biobauern?

Warum muss man immer scheinbar abhandengekommenen Pfeffer in die Beziehung bringen, und warum werden immer wir Frauen aufgefordert, diesen Dienst zu verrichten? Ich lese zugegebenermaßen wenig Männerzeitschriften, aber ich glaube nicht, dass in der letzten *Men's Health* so was stand wie: »Jan-Benny, überrasche doch mal deine Frau. Ihr seid jetzt schon mehr als drei Monate zusammen, da muss man schon mal in die Trickkiste greifen!«

Wieso soll man »wieder« Schwung in etwas bringen, das viele Frauen, die nicht Claudia Obert heißen, als rein privates Terrain bezeichnen würden? Reicht es nicht schon, ständig befohlen zu kommen, mit fünfzig noch frisch auszusehen wie eine Butterblume im Morgentau, alle Modediktate mitzuschreiben und regelmäßig Bauchfett und Wohnzimmerteppich abzusaugen? Muss ich jetzt ständig auch noch abgleichen, ob mein Sex-Life der europäischen DIN-Norm entspricht? Tabellen studieren, was und wie man jetzt wie oft und wie lange tun sollte und welche gelenkschonenden Alternativen es gibt? Ist das nicht geringfügig unverschämt?

Ich meine, wir sind inzwischen so weit, dass man in keinen Lebenslauf mehr »Beruf des Vaters« reinschreiben muss, und auch eine Auskunft nach eventuell bestehendem Kinderwunsch wird als übergriffig gewertet – zu Recht! Warum meint dann jedes Apothekenblättchen, jeder Frauenarzt, der sich für modern und aufgeschlossen hält, und jede gesponserte Werbung in den sozialen Medien, mit irgendwelchen Gimmicks und Tipps um sich schmeißen zu müssen, mit denen ich wieder Schmackes in meine eingerostete Beziehung zu bringen habe? Und woher wissen die, ob ich überhaupt eine habe? WAS GEHT ES EUCH AN, wie oft, wie lange, wann und wo und mit wem und vor allem: OB ÜBERHAUPT? (Puh, solche Großbuchstaben setzen ganz schön viele Emotionen frei, jetzt verstehe ich auch, dass viele alte weiße Männer und vielleicht auch Frauen in den Facebook-Kommentarspalten ein Beischlaf-Surrogat gefunden haben).

Überhaupt, Pep, was war das noch mal? Schnell mal die innere Chromdioxid-Kassette dreieinhalb Jahrzehnte zurückspulen: Ah, jetzt weiß ich es wieder. Es soll wohl jene Phase zu Beziehungsbeginn bezeichnen. Also die Zeit, als man beim ersten Dating noch von Selbstzweifeln zerfressen war: »Kann ich das Stretchkleid anziehen, oder bin ich darin zu dick? Soll ich Kuschelrock oder Kajagoogoo auflegen? Habe ich die Pille genommen, meine Schultasche gepackt und das Etikett aus meinem sündhaft teuren und sauunbequemen Bordüren-Buxe herausgeschnitten, und was, wenn er beim Küssen riecht, dass ich vor zwei

Wochen mal Knoblauch-Cracker gegessen habe?« Ich bin mir nicht ganz sicher, ob ich mir diese Zeit zurückwünschen soll.

Und wenn es wirklich darum geht, unser postklimakterisches Liebesleben zu pimpen, liebe Tuning-Profis, warum benutzt ihr dann immer das Wort »Pep«, das eher an Gesundheitsturnschuhe mit Glitzerapplikation erinnert als an tabulose Turnübungen?

Okay, ich gebe zu, dass ich inzwischen sehr gerne Bio-Baumwoll-Bomber bis zum Bauchnabel trage, weil ich nicht viel Wert auf das Gefühl lege, bei Aldi an der Kasse zu stehen und ein Designer-Fähnchen von Marken drunter zu haben, die heißen wie irgendein Billig-Schaumsekt, damit ich mich 24/7 rundum anbetungswürdig fühle. Ich trage sie einfach, weil ich es wertschätze, dass ein Stück Stoff mehrmals bei 60°C gewaschen werden kann, ohne wie Lametta zu zerfallen, und natürlich, damit die Rippen schön warm bleiben. Warum muss man sich ständig wie eine Femme fatale fühlen, wenn einem innerlich eher nach Mutter Beimer ist?

Ich habe es schon seit Jahren aufgegeben, im Schlaf begehrenswert auszusehen, und es reicht mir an Selbstbestätigung, wenn ich bewundernde Blicke von Besuchern zugeworfen bekomme, die unser Bad benutzt haben. Seit meiner Hüft-OP habe ich nämlich einen Haltegriff in der Dusche, was deren Fantasie offenbar sehr anregt, und ich lasse sie einfach mal in dem Glauben.

Ja, es ist nicht mehr alles wie früher, liebe Erika-Berger-Erben, aber trotzdem müsst ihr nicht ständig unterstellen, dass in einer langjährigen Beziehung noch mehr Flaute herrscht als im Terminkalender von Gerhard Schröder. Und überhaupt, ab wann ist man in einer langjährigen Beziehung? Wenn es als verführerische Einladung gilt, sobald der Partner »Ich gehe schon mal duschen« sagt? Wenn beide sich dann in erprobter Reihenfolge ihrer Klamotten entledigen (jeder seiner eigenen, wohlgemerkt) und es als frivolen Moment der Vorfreude inszenieren, wenn man den Fernseher auf lautlos stellt? Oder gilt es inzwischen schon als pep-frei, wenn nur zwei Leute an der Sache beteiligt sind?

Unser ganzes Leben hat unser Körper funktionieren müssen. Wir haben Presswehen und Dammschnitt toleriert, wundgesaugte Brustwarzen und postnatale Depressionen ausgehalten, und selbst wer keine Kinder in die Welt setzen konnte oder wollte, durfte jeden Monat drei bis fünf Tage mit schlechter Laune und noch schlechter sitzenden Flügelbinden zubringen. Bei Endometriose oder peripartaler Kardiomyopathie haben wir uns nicht selten sagen lassen müssen: »Hm, was Sie da haben, das gibt es eigentlich gar nicht«, weil die Medizin bekanntlich an weißen männlichen Körpern orientiert ist. Jetzt wäre die Zeit, einfach mal zu sagen: Okay, das war das. Ab sofort bin ich nicht mehr nur die Summe meine gebärfähigen Bauteile, sondern einfach ich. Aber da kicken schon wieder die wohlmeinenden Lebensphasenoptimierer rein und schreien: Du musst jetzt bitte schön so heiß bleiben wie eine Erstsemester-Clique beim Spring Break in Miami Beach, sonst ist es schneller vorbei mit der Fuckability, als ein Werbespot von eis.de dauert.

Wenn man sich dann mal anschaut, welche Tipps da

gegeben werden, wird da jedoch allenfalls mein Humor-
zentrum stimuliert.

»Schauen Sie sich gemeinsam Erotikfilme an!«, heißt
es etwa. »Da gibt es auch sehr anspruchsvolle Sachen!«
Anspruchsvoll, ja nee, ist klar. Ich habe mir das letzte Mal
so einen Streifen angesehen, als eine damalige Arbeits-
kollegin namens Mandy im Büro herumposaunt hat, sie
würde sich jetzt was dazuverdienen und en passant un-
beschriftete CDs auf unseren Schreibtischen hat fallen
lassen. Das Einzige, woran ich mich erinnere, waren eine
sehr gelenkige Frau sowie ein Typ, von dem man nur den
tätowierten Rücken gesehen hat (ich tippe, es war der Re-
daktionspraktikant im Juni 2003). Deren genaue Aktivi-
täten konnte ich allerdings gar nicht verfolgen, weil eine
Katze meine Aufmerksamkeit erregte, die mauzend auf
der Pressspan-Bettkante mit eingebautem Digitalradio auf
und ab lief, sodass ich die ganze Zeit nur dachte: »Ach, du
Scheiße, das arme Tier hat HUNGER! Was immer ihr da
gerade tut, hört sofort auf damit und kippt dem bemitleidenswerten Ding 'ne Packung *Whiskas* in den Napf!«
Als sie mich am nächsten Tag gefragt hat, ob ich noch
eine CD will, die »noch ein bisschen härter« sei, habe ich
dankend abgelehnt. Ich hatte Angst, dass auf Vol. II ein
Seelöwenbaby im Bügelzimmer nebenan lautstark nach
Nahrung verlangt.

Eher skeptisch bin ich auch bei dem Tipp, man soll
doch mal in ein Hotel fahren und so tun, als sei man sich
fremd und begegne sich das erste Mal. Ich habe großen
Respekt vor Menschen, die so viel Abstraktionsvermögen
haben. Aber ich kann mir nur wenige unerotischere Situa-

tionen vorstellen, als mich mit einem Menschen, dem ich seit Jahrzehnten auf Zuruf eine Rolle Klopapier bringe, in einem abgelegenen Wellnesshotel im Weserbergland zu verabreden, mit Perücke und Sonnenbrille hinter der Zimmerpflanze im Foyer zu warten und dort zu beobachten, wie dieser an der Rezeption unter dem Namen »Homer Simpson« eincheckt und dabei gespielt geheimnisvoll mit dem Zimmerschlüssel klimpert. Und wie soll ich mir für derartige Spiele eine erfundene Biografie merken, wenn ich nicht mal behalten kann, von wann bis wann es Frühstück gibt?

Wo steht eigentlich geschrieben, dass es mit den Jahren immer langweiliger wird? Immerhin hatte man drei Jahrzehnte Zeit zum Üben! Es würde ja auch keiner einem Piloten, der seit dreißig Jahren den Segelflugschein hat, sagen: »So, jetzt bringen Sie aber mal wieder ordentlich Pep in Ihre Flugpraxis, Sie haben doch sicher schon einiges verlernt!« Im Gegenteil, man würde sich vertrauensvoll in die abgewetzten Lederbezüge schmiegen, die Augen schließen und denken: »Der weiß schon, was er tut!«

Anders ausgedrückt: Warum sind *Burger King, Starbucks* und sämtliche Fressketten der Welt so erfolgreich? Weil's immer und überall gleich schmeckt. Noch Fragen?

Also, liebe Aufpep-Armada: Hör auf, uns zu stressen! Wir Teilzeit-Göttinnen wissen, was zu tun ist (und was nicht!), lehnen uns zurück, und wenn wir ganz verwegen sind, lassen wir das Fenster auf und die Hauspuschen an. Wir wissen, wann die Kinder nach Hause kommen, das DHL-Paket geliefert wird, und müssen nicht mehr nach dem Weg ins Bad fragen. Wir genießen unseren Freedom und achten penibel darauf, dabei nicht an David Hasselhoff zu denken, denn dann war alles umsonst. Und vor allen Dingen wissen wir, dass man vorher die Katze füttern muss.

WIR HABEN
WENIGER SEX,
DAFÜR ESSEN WIR
JETZT MEHR.

Sorgenfrei in zwei Minuten #5

Oberster Grundsatz in Beziehungen:

1. Fragen Sie offen und ehrlich nach den Bedürfnissen des anderen.
2. Seien Sie nicht beleidigt, wenn die Antwort »mit Mayo und Gürkchen, ja?« enthält.

Nestfluchtpanik: Ich lass los, lass jetzt looos

Eines der herzzerreißendsten Lieder aller Zeiten ist, wenn man mich fragt, *Slipping Through My Fingers* von Abba. Mit fragiler Stimme beschreibt Agnetha in dieser pathetischen Säusel-Nummer, wie das Kind morgens gedankenverloren zur Schule dackelt, sie als Mutti am Frühstückstisch zurückbleibt und sich fragt, wo nur die Zeit geblieben ist:

What happened to those wonderful adventures?
The places I had planned for us to go
Well, some of that we did, but most we didn't
And why, I just don't know

Dieses Bild der schuldbeladenen Frau, die ja noch so viel mit ihrem Kind vorhatte, während diesem nichts Besseres einfällt, als einfach mal seiner eigenen Wege zu gehen – wer könnte es nicht nachvollziehen? Einmal kurz nicht aufgepasst, und zack, sind sie zu groß für die *Sendung mit der Maus*, die drei Ausrufezeichen und »Mami ist die Beste«-T-Shirts. Zu schlau für Elterntricks (»Ähm, das Spaßbad wird gerade renoviert, macht erst in vier Jahren wieder auf!«) und zu vernünftig, als dass »Dann gehen wir auch zu McDonald's« noch ziehen würde (»Das ist kein

Essen, das ist Körperverletzung!«). Es ist ein entwürdigendes Gefühl der Wut und Ohnmacht, auf das man einfach nicht vorbereitet war und das man ansonsten allenfalls aus dem Ein-Euro-Shop kennt, in dem man auf einmal Spülbürsten sieht, auf denen das Preisschild »1,49 €« prangt und genau weiß, dass es nichts bringen wird, sich bei der schlechtbezahlten Kassiererin über diese ausgesprochen unfaire Tatsache zu beschweren.

Die Zeit ist einfach ungnädig verflogen, während wir beim wöchentlichen dreistündigen Kaffeekränzchen mit unseren Leidensgenossinnen darüber lamentiert haben, dass wir einfach zu nichts kommen.

Nicht selten habe ich daher emotional aufgewühlt an unserem gemeinsamen Flohmarktstand danebengestanden, wenn die Dreizehnjährige ihre alten *Schleich*-Pferde zum Kauf angeboten hat und ihr so manchen guten Deal versaut mit den Worten: »Hör zu, du MUSST das jetzt nicht verkaufen! Das ist eine Erinnerung an deine Kindheit, und wenn du nicht willst, dass dieser pickelige bleiche Junge für fünfzig popelige Cent dieses super erhaltene Hartplastikeinhorn kauft, das mal fünfzehn Euro gekostet hat, dann musst du das nicht tun! Vielleicht wird es dir in vierzig Jahren jemand in eine Blechkiste in eine Telefonzelle legen, so wie bei *Die fabelhafte Welt der Amelie*, und dann wirst du zu Tränen gerührt sein, weil es mal dein allerliebstes Spielzeug war, das dir in schweren Zeiten Trost und Halt war!« Mit dem Erfolg, dass wir bei jedem Flohmarkt 99 Prozent aller Sachen wieder mit nach Hause geschleppt haben und der kleine Junge nebenan einen ausgestopften Hamster kaufen musste.

Kein Wunder, wir Fifty-Somethings sind ja auch die Generation, die es bisher am schlechtesten verpackt hat, erwachsen geworden zu sein, wie die seit dreißig Jahren anhaltende Huldigung der Achtzigerjahre als das coolste Jahrzehnt ever belegt.

Wenn mich mal wieder so eine Morgenmelancholie überkommt, weil das Kind gedankenverloren in die Welt hinausstiefelt, ohne »Tschüss« zu sagen, frage ich mich, wie er sein wird, der Tag X, an dem die Frucht des eigenen Leibes plötzlich mit gepackten Koffern im Flur steht und einem nichts hinterlässt als ein paar zerfledderte Poster der *Eiskönigin* an der Wand und eine fehlende Beckenbodenmuskulatur.

Wenn ich gerade keinen Ratgeber zum Thema »Loslassen lernen« zur Hand habe, in dem mir geraten wird, dass ich meinen Schmerz annehmen und umarmen muss, damit er sich sanft verabschieden kann und nicht mein Leben lang wie ein hungriger Hund hinter mir herrennt, was tue ich dann? Klarer Fall, ich suhle mich in einer rosaroten Flauschwolke der Erinnerung: Wo ist sie nur hin, die schöne Zeit? Als man verschlafene Klumpen morgens aus dem Bettchen gehoben und ans Herz gepresst hat, bis sie geweint haben. Die Nächte, in denen wir zombieartig viermal Fläschchen aufgewärmt und grün-braun-gefleckte Stoffwindeln im Handwaschbecken ausgekocht haben.

Der erste Zweiwortsatz (»Mehr Nudeln!«), die ersten Schritte, der erste Tobsuchtsanfall bei *Lidl* an der Kasse, bei dem man sich auf einem mitgebrachten Klapphocker danebengesetzt und in der Zeitschrift *Eltern* gelesen hat, mit welchen siebenunddreißg Tipps man sein Kind in dieser entwicklungspsychologisch ungemein wichtigen Phase optimal begleitet, während alle Rentner in der Schlange mit Gratis-Tipps um sich geworfen haben.

Das erste Mal im Bällebad des Hallenspielplatzes nach verlorenen halbangegessenen Dinkelstangen tauchen. Die Premiere in der Notaufnahme um drei Uhr morgens, als wir dem diensthabenden Arzt hoch und heilig versprechen mussten, künftig Heftzwecken und Smarties getrennt voneinander aufzubewahren. Die Nächte in der Küche, in denen wir für den Kindergartenbasar Kuchen gebacken haben, weil sich auf der Elternliste schon jemand anderes bei »Ich bringe eine Packung Teelichter mit« eingetragen hatte. Die erste schlechte Schulnote, bei dem man sein Kind in den Arm genommen und getröstet hat (»Die Linemüller kann aber auch nicht erklären, Anzeige ist raus!«), und die emotionalen Diskussionen am Abendbrottisch darüber, dass nicht wir, die Babyboomer, an der Klimakrise Schuld tragen, sondern ausschließlich der Nachbar, der mit seinem Bugatti jeden Sonntag die vierhundert Meter zum Brötchenholen fährt. Mehrere Jahrzehnte des Jammerns, warum eine vierköpfige Familie eigentlich siebzehn Zahnbürsten in Benutzung hat, darunter vier grüne. Nicht zu vergessen den Zusatzjob als Privatdozentin, bei dem man acht Stunden am Tag Corona-Hausaufgaben betreut hat, weil die Lehrer befanden: »Das mit diesen Zoom-Konferenzen ist mir zu kompliziert. Drucken Sie sich einfach die ersten dreihundertachtzig Arbeitsblätter zur Vegetationsgeografie auf den Galapagos-Inseln im Anhang dieser Mail aus und bearbeiten Sie sie gemeinsam mit Ihrem Kind bis morgen 8.30 Uhr.«

Wenn wir uns all diese Jahre eines gewünscht haben, dann war es wohl mehr Ruhe. Und jetzt, da wir sie bald haben, gibt es auf einmal nichts Schlimmeres als genau diese Vorstellung.

Selektives Gedächtnis nennt man das wohl. Ein bisschen so wie unsere Großeltern sich immer nach früher zurückgesehnt haben, und wenn wir dann eingeworfen haben: »Moment mal, es war KRIEG!«, dann haben sie geantwortet, »Ja, aber wir haben in Nachbars Garten immer Äpfel geklaut, das war schön!«

DAS soll auf einmal jetzt vorbei sein? Wie soll man das nur jemals emotional verarbeiten, während man sich doch all die Jahre so viel Mühe gemacht hat, ein Heim zu schaffen, gesund zu kochen und alle Freunde (außer Schalke-Fans) bedingungslos willkommen zu heißen?

Als Erstes kommen einem natürlich handfeste Rachefantasien in den Sinn, die man jetzt schon im Geiste durchlebt, frei nach dem Motto: »Warte nur ab, ab jetzt komme ich regelmäßig in deine Wohnung, und zwar dann, wenn es MIR passt! Ich werde eine Arschbombe in die Wanne machen, wenn du gerade ein Ylang-Ylang-Entspannungsbad machst! Alle Ladekabel aus den Steckdosen entfernen, Essenreste neben den Mülleimer werfen. Wenn du morgens zur Arbeit musst, stehe ich an der Tür und rufe: ›Heute ist doch die Aufführung von *König der Löwen*, kannst du mir noch schnell ein Kostüm nähen?‹, und wenn du gerade eine *arte*-Doku über Frédéric Chopin gucken willst, spiele ich im Wohnzimmer auf der Kindergitarre *Seven Nation Army* in Festivallautstärke.«

Aber ich glaube, das ist mir zu billig. Ich gestalte das

Ganze wahrscheinlich ein wenig subtiler und verfalle hemmungslos in den ewigen Glucken-Modus. Dieser äußert sich so, dass man am Tag des Auszugs feierlich eine liebevoll zusammengestellte Survival-Liste für die Selbständigkeit überreicht, und zwar mit den Worten: »So, Schnuckispatzi, du glaubst also, du kannst dein Leben ab jetzt ohne uns auf die Reihe kriegen? Dann nimm wenigstens noch ein paar wohlgemeinte Ratschläge mit hinaus ins Leben!«

! Gläser immer mit der Öffnung nach unten in die Spülmaschine stellen (NICHT so wie Papa!).

! Den Parmesan nicht mit ins Miracoli-Nudelwasser schütten.

! Mindestens dreimal die Woche zum Kaffeetrinken und Fotoalbum-Gucken nach Hause kommen.

! Montags bringe ich dir frische Wäsche, dienstags eine frische Obstkiste, und freitags stehe ich daneben, wenn du den Flur putzt.

! Wenn der Nachtbus mal wieder ausfällt: Halte Ausschau nach dem roten Kombi, aus dem *Fade To Grey* dröhnt, das bin ich und bringe dich und alle deine Freunde nach Hause, und zwar bevor sie wieder in deine Blumenkästen göbeln.

! Bitte beim Verlassen der Wohnung immer Licht aus, Fenster zu und schlafende Partygäste zudecken.

! Einen Zweitschlüssel bei Mama, Papa, Tante Elke und im öffentlichen Bücherschrank deponieren.

! Immer einen Staubsauger an der Tür stehen haben, und wenn überraschend Besuch kommt und die Bude aussieht wie ein DIXI-Klo nach dem Wacken-Wochenende, gern einfach sagen: »Ach, ich wollte geraaade sauber machen!«

! Lass dir auf unsere Kosten ein Tattoo stechen. Motiv egal, Hauptsache unsere Telefonnummer wird gut lesbar in die Mitte geritzt.

Egal, für welche Variante man sich auch entscheidet, eins sollte man keinesfalls vergessen, wenn Agnetha wieder singend unsere Gehirnecke, in der es sich unser schlechtes Gewissen dauerhaft gemütlich gemacht hat, attackiert *(Sometimes I wish that I could freeze the picture and save it from the funny tricks of time* – waaaah!): Wir müssen uns auch mal selbst auf die Schulter klopfen, wenn es sonst schon keiner tut. Mag sein, dass wir vieles nicht geschafft oder einfach nur verpennt haben. Aber die Basics müssten wir unserem Nachwuchs doch mit auf den Weg gegeben haben: Wir haben demonstriert, wie man mit einer Portion Tomatensoße drei Tage hintereinander immer neue Notfallmahlzeiten zaubern kann und wie man die Reste dieses Experiments wieder aus den Fliesenfugen kratzt. Wir haben vorgemacht, dass man sich im Bus immer nach hinten setzen muss, damit's in den Kurven schön schaukelt, und dass man nie mit Fremden reden sollte, außer sie bringen dir eine Pizza. Damit werden sie schon irgendwie durchs Leben kommen.

Und wenn dann die große Dankes-Dusche ausbleibt,

kann man ja immer noch das frei gewordene Kinderzimmer einem Total-Makeover unterziehen und eine stimmungsvolle Relax-Oase darausmachen: Alle Plastikpferde raus, fette Anlage rein, Rollläden runterlassen, statt Abba einfach mal Alice Cooper auflegen, den Bass aufdrehen, Fingernägel schwarz lackieren und in bester Nestrocker-Manier mitgrölen: »Schoooooools out forever!«

KINDER SIND WIE
KÜCHENSCHUBLADEN.
IRGENDWANN ENTWICKELN
SIE EIN EIGENLEBEN.

Sorgenfrei in zwei Minuten #6

Haben Sie manchmal das Gefühl, dass in derselben Zeit, in der Sie ein Zimmer aufräumen, drei andere wieder unordentlich werden? Das muss nicht sein! Vertrauen Sie den Tipps der skandinavischen Einrichtungsexpertin Sykka-Li Olsen-Lindströmberg:

Fünf Profi-Hacks, die eine Wohnung aufgeräumter erscheinen lassen:

1. Badezimmertür zu
2. Wohnzimmertür zu
3. Esszimmertür zu
4. Kinderzimmertür zu
5. Licht aus

Don't like to move it, move it:
Tag der deutschen Einheitsgröße

Irgendwann kommt der Tag, an dem man sich von Kopf bis Fuß im Spiegel ansieht und sich fragt, warum der eigene Körper eigentlich aussieht wie ein zwei Wochen in Fanta eingelegtes Gummibärchen. Bei mir war das am vergangenen Freitag der Fall. Teils resigniert, teils motiviert, etwas zu ändern, scrollte ich die gängigen Fitness-Videos für den Heimgebrauch durch. Das erste Video, auf das ich stieß, hatte jedoch einen großen Haken: Man muss erst mal zwei Stunden Möbel rücken, um genug Platz zu haben, die ausgelassen performten Workouts im Wohnzimmer nachzuahmen. Da wäre ich schon vor dem ersten Rumpfdehnen unterm Sauerstoffzelt.

Das zweite bestand nur aus Gelaber: »Früher habe ich 90 Kilo gewogen. Aber mit meiner Daily Routine aus Planking, Spanking, Baumstammweitwerfen, achtsamer Atmung, ausgewogener Ernährung, dem richtigen Mindset und den *amazon*-Produkten, die ich euch in der Infobox verlinkt habe, brauche ich jetzt endlich nicht mehr seitlich durch das Drehkreuz der Sanifair-Toiletten zu gehen. Und ihr könnt das auch!«

Warum wollen alle Influencer alle dahingehend influencen, dass sie genauso werden wie sie? Wenn alle anderen auf einmal auch total fit sind, wen wollen sie dann noch inspirieren? Genau wie diese »So werden auch Sie zum Millionär«-Fibeln. Als ob sich ein Selfmademan nichts sehnlicher wünschen würde, als dass alle anderen auch Millionäre werden und niemand mehr neidisch gucken würde, wenn er im *ibis Hotel* seine *Royale Mastercard der Dubai First* zückt.

»Leute, macht Sport!«, dachte ich mir. »Aber haltet danach einfach die Schnauze. Ich gehe jetzt erst mal schön shoppen.«

* * *

Auf meinem Weg zu meinem favorisierten Modekaufhaus (es hat ein Café und eine Toilette) hielt mir in der Fußgängerzone ein junger Typ mit breiten Schultern und breitem Grinsen ein Werbeblättchen entgegen. Ich war ein wenig irritiert, denn ich gehöre ja eigentlich nicht mehr zur Zielgruppe »jung, trendy und bereit, jedes Produkt honorarfrei in die Insta-Story zu posten«. Deswegen kriegt man ja kaum noch Werbematerial in die Hand gedrückt, wenn irgendwo in der Stadt eine neue hippe Cocktailbar oder Shisha-Lounge aufmacht – im Gegenteil, die Zettel-Typen drehen sich immer ganz schnell weg, sobald sie einem ins Gesicht sehen. Daher war ich ein wenig irritiert, als mir dieser adoleszierende Akquisiteur einen bunten Flyer entgegenwedelte, auf dem es in grellen Lettern hieß: »Get fit, not fat!« Jetzt wurde mir einiges klar. Er hatte mich also bewusst angesteuert.

»Wir haben ein tolles Eröffnungsangebot«, nutzte er

sofort den Moment aus, als meine Augen sich auf dem pupillenbeleidigenden pinken Wisch in bunten Neonlettern zu orientieren versuchten. Neben dem uncharmanten Spruch posierte eine Frau mit circa drei Meter langen Beinen und einer Taille in Kaperngröße. »Wenn Sie dreimal unseren Kurs ›Bauch, Beine, Po‹ besuchen, kriegen Sie anschließend einen Proteinshake nach Wahl. Und wir haben auch noch viele andere tolle Tools, mit denen Sie Ihre Problemzonen tackeln können!«

Zu sagen, ich war verblüfft, wäre noch untertrieben. Nicht nur ob dieses Wahnsinnsangebots von einem halben Löffel Brause mit Kranwasser und eines Verbs, das mich eher an Rauhaardackel erinnert als an Fettverbrennung, sondern auch, weil ich offenbar zur Zielgruppe »weiblich, wanstig, veränderungswillig« zählte.

Ich gebe zu, ich habe in zwei Corona-Jahren ordentlich zugelegt, um genau zu sein: sieben Kilo, drei Dioptrien und vier Haustiere. Aber deswegen bin ich noch lange keine wandelnde Problemzone.

»Was für eine Unsitte, weibliche Rundungen jenseits Größe 38 direkt als Problemzonen zu betiteln! Kein Wunder fühlen wir uns da morgens schon vor dem Zähneputzen defizitär«, blaffte ich ihn an.

»Na ja, aber der Kurs ist bei Frauen sehr beliebt …«, griff er routiniert in die Argumentekiste.

»Ja, kein Wunder, der richtet sich ja auch nur an Frauen«, schoss ich zurück. »Für Männer würde der ja heißen ›Bauch, Bauch, Bauch‹. Aber wir Frauen sollen gleich drei angebliche No-Show-Areas in Angriff nehmen! Ich meine, Bauch, Beine, Po – das reduziert uns mal wieder schön auf die Sexual- und Gebärfunktion. Und wenn man's genau nimmt, sind das zwei Drittel des Körpers. Was Sie mir gerade wirklich sagen wollen, ist doch: Alles an dir ist scheiße, aber wir tun jetzt mal so, als wären es nur diese drei Sachen, damit du dich nicht so schlecht fühlst. Vielleicht hat ›Doppelkinn, Wackelarsch und Hängetitten‹ einfach nicht mehr auf das Flyer-Layout gepasst?«

Jetzt war er still und guckte ein wenig wie Hide-the-Pain-Harold in jünger. Daher machte ich heiter weiter: »Und überhaupt, diskriminiert das nicht die anderen Körperteile? Was ist mit schlaffen Schultern oder den von Muskelschwund gezeichneten Mittelfingern? Und was ›fit vs. fat‹ betrifft, es gibt viele dünne Menschen, die extrem unter ihrer Figur leiden. Meine Freundin Gesa versucht schon seit Jahren zuzunehmen, schafft es aber nicht und kriegt ständig nur zu hören: ›So dünn wäre ich auch gern!‹ Und es gibt dicke Menschen, die trotzdem fit sind. Merken Sie sich eins: Ein Problem sind die Erderwärmung, das Gender-Pay-Gap und die Selbstscannerkasse bei *netto*. Aber nicht der weibliche Körper per se!«

Ich vermute mal, dass der junge Mann bei der Job-Einweisung nicht explizit auf verbal herausfordernde Passantinnen mit notorischem Mitteilungsdrang vorbereitet wurde. Das hätte zumindest seine Reaktion erklärt, die aus einem langgezogenen »Ääääääh« bestand.

»Was kommt als Nächstes?«, fuhr ich wenig mitfühlend fort. »Wollen Sie hier vielleicht eine Unterschriftenliste gegen meine Hüftpolster starten? Oder direkt eine Demo anmelden und ins Mikrofon schreien: ›Wir sind hier, wir sind laut, weil die Frau so mies ausschaut?‹ Merken Sie sich eins: Ich habe Zonen, aber kein Problem. Und wenn Sie ein Problem damit haben, dass ich kein Problem damit habe, dann ist das Ihr Problem!«

Ich schaute mich um, ob sich schon Menschen mit gezückten Handys um mich geschart hatten und ich schon morgen der Star einer neuen Body-Positivity-Welle sein würde. Fehlanzeige: Alle Leute gingen unbeeindruckt weiter, nur eine Mutter schob ihren Steppke unsanft weg vom Ort des Geschehens, wie man es normalerweise tut, wenn man Kindern etwa den Anblick einer toten Taube ersparen will. Der Zettelheini drehte inzwischen seine Folter-Flyer zwei jungen, Bubble Tea schlürfenden Mädels an, die den Kurs noch viel weniger nötig hatten als ich, aber deutlich mehr Interesse zeigten.

Also entfernte ich mich unauffällig vom Ort des Geschehens in Richtung Modehaus, um meinen unproblematischen Body nach diesem doch leicht anstrengenden *Rant* mit ein wenig burschikoser Baumwolle zu belohnen. Was ich jedoch nicht ahnte: Dort wartete bereits »Erbarmungslos Teil II – die Rückkehr des P-Wortes« auf mich.

Es begann eigentlich ganz harmlos, denn ich wurde nicht angequatscht, sondern dezent von frühlingsfrischen bunten Farben und noch bunteren Schildern mit der Aufschrift »50% off« systematisch angelockt. Als Erstes fiel mein Blick auf ein paar farbenfrohe, locker fallende Pullis in meinem Lieblingsgrün mit witzigem Paillettenkragen. Ich schob mich durch die adrett von vorne nach hinten ansteigenden Größen: 36, 38, 40, 42, Ende.

»Welche Größe suchen Sie denn?«, hörte ich es sofort hinter mir. War ja klar. Genauso zuverlässig, wie man im

Baumarkt niemanden findet, wenn man einen Kugelkopf-
winkelschraubendreher nicht von einem Doppelmaul-
schlüssel unterscheiden kann, schießt das Verkaufspersonal hier um die Ecke, wenn man einfach seine Anonymität
und Diskrektion genießen will. »Ähm, na ja, öhm, vie-
run... äh, sechsun...«, stotterte ich missmutig.

»Tut mir leid, aber diese Marke produziert nur bis
Größe 42«, warf sie sofort rein.

Okay. Ich hatte 34, 36, 38, 40 und 42 durch und fand
nicht, was ich suchte. Wieso fragte sie mich dann, welche
Größe ich brauche, wenn alle, die diese Marke herstellt,
hier hängen? XXS oder gar eine Erstlingsausstattung
in Lindgrün? Um mir noch mal unmissverständlich vor
Augen zu führen, dass ich bei dieser Frühjahrskollektion
nicht mitgemeint war?

»Tja, schade«, sagte sie und schob alle fünf Exemplare
noch mal völlig sinnbefreit am Ständer hin und her –
offenbar, um mir zu zeigen, was für ein feines Stöff-
chen ich anziehen könnte, wenn ich nicht ständig das
Nutella-Glas auslöffeln würde. Dann zog sie flink aus
einer Zauberschublade, in der wohl offenbar nur Ware
für schwierige Kunden lagert, die man normalen Menschen nicht zumuten mochte, mit einer schnellen und
diskreten Handbewegung ein tischtuchartiges Etwas heraus und wedelte es mir entgegen: »Wie wäre es denn mit
so was hier?« Fast schon copperfieldesque faltete sie ein
Gebilde auseinander, das aussah wie eine Robe von Ivan
Rebroff bei einem Auftritt in der Schlagerparade 1977.
»Eine Tunika. Einheitsgröße.«

»Einheitsgröße, na klar«, dachte ich. Passt theoretisch

allen, wird aber in einer Geheimschublade aufbewahrt, weil nur von Seekühen gekauft.

»Das ist was für Powerfrauen!«, fuhr sie fröhlich fort. Bam, schon wieder Hasswortalarm!

»Ich bin keine Powerfrau!«, blökte ich reflexartig, »ich kann nicht mal auf einen Klapphocker steigen, ohne zu schnaufen, und wenn ich versuche, mir ein Stück Frischhaltefolie aus der Rolle zu reißen, ohne dass sie in Lametta zerfranst, fange ich an zu weinen! Und überhaupt, was ist das für ein beklopptes Wort? Haben Sie schon mal was von einem Powermann gehört? Und warum wird es immer nur für Frauen benutzt, die ebenso hemmungslos Mitarbeiter rausschmeißen und auf der Autobahn drängeln wie Macho-Typen? Oder würden Sie etwa Mutter Teresa als Powerfrau bezeichnen?«

Vor lauter Entrüstung hatte ich verdrängt, dass ich keinerlei Intention hatte, das fiese Gospel-Gewand auch nur zu berühren, und wunderte mich, warum ich rhythmisch darüberstrich. Wenn ich in Rage bin, vergessen bei mir sämtliche gehirnfernen Körperteile leider oft, sich konform zu verhalten. Quasi ohne mein mentales Dazutun hörte ich mich stattdessen sagen: »Komm, gib her, die Kutte!« Und schon stolperte ich in die Umkleidekabine. Dort roch es nach Discounter-Deos und Polyacryl, und das Neonlicht ließ meine Haut so derartig paspeliert erscheinen, dass ich froh war, mir schnell den Ärmel-Teppich über den Kopf ziehen zu können. Wahrscheinlich ist das Absicht in solchen Klamotten-Kaschemmen: Der halbnackte Körper soll so scheiße aussehen, dass man sich so viele Stoffschichten darüberschmeißen möchte, wie man mit zwei Händen aus dem Laden tragen kann. Die Freude währte jedoch nicht lange, denn just als meine Ellbogen auf Kinnhöhe waren, steckte das ganze Gebilde fest. Ich passte nicht mal in die Einheitsgröße!

»Und, wie isses?«, hörte ich die Zeltverkäuferin fragen.

»Super!«, rief ich, zog das Ganze noch ein bisschen tiefer und versuchte, das dabei entstehende Knacken mit einem lautstark angestimmten Gesang zu übertönen: *He's got the whole shirt in his hand ...*

»Nicht wahr?«, hörte ich es entfernt durch die streng riechende Stoffschicht. »Das kaschiert schön die ... « – und noch bevor ich denken konnte:

»Sag es nicht! Sag es jetzt blooooß nicht, sonst gibt es Tote!«–, kam es ganz dicke: »... Problemzönchen.«

Das war zu viel. »Zönchen!« Sie hatte auch noch »Zönchen« gesagt! Das ist ja noch schlimmer als »Schalömchen!« Okay. Du willst es, du kriegst es, fuhr es in mich. Da ich mich in dem Garn-Gebilde eh schon fühlte wie eine christliche Hobby-Fundamentalistin im US-Bibel-TV, holte ich schön tief Luft und bemerkte Folgendes:

»Nix für ungut, aber jetzt hören Sie mir mal zu. Erstens: das Wort ›Problem‹ überhaupt an den Anfang eines Kompositums stellen zu dürfen sollte verboten werden. Denn so entstehen ja erst Probleme! Es gibt kein Problemkind, nur Eltern, die unbedingt wollen, dass ›etwas aus ihm wird‹; und Lehrer, die bei zweimal Über-den-Heftrand-hinaus-schreiben gleich den Schulsonderpädagogen herbeizitieren. Und wie wir ja alle wissen, fing die Scheiße für Bruno, den Problembär, ja erst an, nachdem man ihn zu einem solchen erklärt hatte.

Zweitens ist die Form der Verniedlichung hier äußerst unangebracht. Ich meine, es sagt ja auch niemand beim Bestatter: ›Schauen Sie mal, wir haben hier ein schmuckes Särgchen für Opa.‹

Drittens: Wenn ich diesen Kittel anziehe, gegen den jede OP-Schürze ein modisches Statement ist, dann sieht man den Bauch zwar nicht, aber man sieht zwanzig Quadratmeter Stoff, mit denen ich versuche, etwas zu kaschieren. Und das geübte Auge ahnt, dass das weder ein ungeborenes Kind ist noch eine Kaffeemaschine, die ich aus dem Laden zu schmuggeln versuche.

Von daher: Bitte sehr, bitte zurück in die Geheimschublade. Und nur mal so, die einzige Problemzone, die ich habe, ist Ihre Umkleidekabine!«

Mit siegessicherer Showgirl-Miene riss ich theatralisch den Vorhang auf, wo jedoch nur eine junge blonde Frau gelangweilt damit beschäftigt war, die anprobierten und nicht für schön befundenen Teile diverser Leidensgenossinnen wieder wegzuhängen. »Falls Sie mit Frau Paslewski reden, die macht grad Mittag«, brummelte sie unbeeindruckt und lud sich drei Dutzend aufgebügelte Outfits auf die Unterarme.

»Na, dann bringen Sie die Pferdedecke hier auch gleich mal zurück in die Reitsportabteilung«, sagte ich und warf die stoffgewordene Abdeckplane obendrüber.

Beim Nachhausekommen war die einzige Novität in meiner Handtasche der Fitness-Flyer. Obwohl ich befand, dass ich das nicht nötig hatte, beschloss ich, mir am nächsten Tag die Bodyforming-Butze mal anzugucken.

∗

So fand ich mich am Samstagmorgen nicht beim Bäcker wieder, sondern am ballonumrankten Tresen von »Body Dream's«, die sich offenbar mit allem auskannten, nur nicht mit korrekter Apostroph-Setzung. Übermotivierte Mitarbeiter schnürten mir ein rosa Bändchen ums Handgelenk, das quasi *access all areas* versprach, nur dass der Backstagebereich eher uneinladend aussah, da er eine 2-in-1-Lösung aus Putzmittel- und Pausenraum war.

Überall war was los: Auf den Liegerädern starrten ältere Herren angestrengt an den Hinterteilen der direkt vor ihnen auf den Laufbändern abzappelnden Studentinnen vorbei, die wiederum ebenso angestrengt auf die Bildschirme stierten, in denen Urban Artists mit dem Skateboard auf Geländer fuhren und sich nach jedem Move in Zeitlupe abklatschten. Schon beim bloßen Beobachten dieser Ereignisverkettung wurde mir schwindelig.

Alsbald stand ich schon vor der ersten Challenge: Der Drink-Refill-Station. CO_2 oder still? Waldmeister, Johannisbeer, Erdbeer, Selleriesaft-Shot, leicht, mittel oder stark scented?

Ich drückte still und Erdbeer mittel. Daraufhin kam ein blutroter Strahl und ein bisschen Wasser, was aussah wie die Reste einer desinfizierenden Mundspülung, die man vor der Prophylaxe in das Zahnarztwaschbecken spuckt.

»Nee, du musst auf fill to the max drücken und dann den Button immer auf hold lassen«, erklärte mir ein bezopfter Anfangzwanziger. »Ach, das ist ja totally beginner-friendly«, bedankte ich mich höflich und wartete auf ein »there not for«, das aber nicht kam.

Ich sah ihm nach, wie er in die Turn-Ecke tapste. Männer mit Holzfällerbart gaben hier ein sehr irritierendes Bild ab, weil sie weltvergessen Seilchen sprangen, aber keine Anstalten machten, dabei Fußballbilder zu tauschen. Andere kletterten eine Stange hoch, ohne dass ihnen jemand Scheine in den Schlüppi steckte.

Dann steuerte ich einen Infotisch an, der »Check your level« versprach, obwohl ich schon die Vermutung hatte, dass mein Level irgendwo auf Erdmolchniveau sein musste. Eine freundliche Mitarbeiterin nahm mir aber sofort die Angst und erklärte: »In Ihrem Alter geht es ja nicht darum, dass Ihr Zustand besser wird.«

»Ähm, sondern?«

»Dass er sich nicht noch weiter verschlimmert.«

»Hey, ich mache hier die Witze!«, dachte ich mir und bekam auch direkt Gelegenheit dazu.

»Was für einen Sport wollen Sie denn machen?«

»Na ja, in meinem Fall wohl Breitensport!«

Sie tat so, als hätte sie das nicht gehört und schickte mich direkt zu »Relax 1«. Hier saßen alle auf einem überdimensionierten Hundekissen und taten so, als könnten sie in sämtliche Körperteile hineinatmen. »Wir holen tiiieeef Luuuuft, bis in die Lunge, den Bauch, den Unterleib, das Knie, die Wade …« Dabei war jeder darauf bedacht, möglichst keine Knitterfalten in die Funktionspluderhosen aus recycelter Baumwolle zu machen.

Das einzig Effektive an diesem Kurs war, dass man die ganze Zeit bei dem Versuch, nicht laut loszulachen, extrem die Bauchmuskeln anspannen musste.

Danach öffnete das Ladies Gym seine Türen. »Für Frauen, die nicht angestarrt werden wollen«, erklärte mir die Dame neben mir. Mit anderen Worten: HIER wird nicht geglotzt, woanders schon. Ein Safe Space sollte es sein, bei dem Frauen in Abwesenheit geifernder Blicke so fit werden können, dass sie sich nachher auch ins dunkle Kellerparkhaus des Studios trauen. Ein Men's Gym gab es natürlich nicht, aber es gibt ja auch keine Männersauna, in der die Herren wenigstens einmal in der Woche sicher vor Frauenblicken sind.

Ich checkte kurz die anderen Optionen. Spinning war eine davon. Man sitzt mit anderen in einer Reihe auf Fahrrädern, kann sich aber nicht gegenseitig überholen. Das ist ungefähr so sinnvoll, als würde man auf der A 40 freitagmittags im Stau stehen, und vorne schreit noch jemand durch ein Megaphon, dass man sich beim Nicht-von-der-Stelle-Kommen doch bitte noch ein bisschen mehr anstrengen soll.

Also wurde ich wagemutig und ging zu »Fatburner III«. Holte mir lässig aus der Geräteecke Kurzhanteln, Lang-hanteln und drei Matten, die ich übereinanderlegte. Wollte ja nicht schon beim Liegen Schmerzen erleiden.

»Schon etwas länger her, das letzte Workout, was?«, sagte meine Mattennachbarin.

Ich guckte an mir runter: Lila Legging, Legwarmers, Body mit hohem Beinausschnitt, Frottee-Stirnband, ein Adidas-Modell, das noch Turnschuh und nicht Sneaker hieß. »Ja, kann man so sehen«, erklärte ich, »mein letzter Kurs war bei Sydney Rome.« »Ja, was denn nun?«, fragte sie zurück. »In Sydney oder in Rom?«

»Sie sind zu jung«, wollte ich ansetzen, aber da erklang schon lautstark Musik:

First, when there's nothing
But a slow glowing dream
That your fear seems to hide
Deep inside your mind...

»Wie geil, *Flashdance*!«, rief ich und stellte fest, dass ich jetzt in dem Alter war, wo man auch zu einem beschissenen Song mitsingt, Hauptsache, man kennt ihn.

»*Flashdance?* Ist das, wenn im Einkaufszentrum Leute aus dem Nichts kommen und zusammen eine Oper singen?«, glaubte ich die Nebenfrau sagen zu hören, aber ich hörte nicht mehr hin, sondern räkelte mich lasziv auf der Sitzfläche meines Pezziballs und kippte mir hemmunglos den Inhalt meines Softly Strawberry scented Sportdrinks über den Kopf, bis meine Leggins völlig eingenässt waren und schrie: »What a feeeeeling!« Aber gerade, als ich feststellen musste, dass alle anderen irgendwie eine andere Choreo machten, war der Miss-Fat-T-Shirt-Contest schon zu Ende. Das war ja schnell! Oder war ich zwischendurch auf meiner Mattenburg eingenickt?

Alle schüttelten schon lässig die Beine aus und machten diesen coolen »Hey du bist so ein geiler Trainer und hast mal wieder das Beste in uns rausgeholt«-Klatsch-Move, bei dem man dem 450-Euro-Vorturner grenzenlosen Respekt zollt, weil dieser auf Englisch bis vier zählen kann. Ich klatschte auch, aber nach einem Mal klebten meine Handflächen zusammen. Wahrscheinlich hatte ich an der Drink-Station versehentlich auf die Taste Sauerkrautsurrogat gedrückt.

Also eilte ich unter die Sammeldusche, die offenbar

auf Robert-Habeck-Modus stand: Alle drei Sekunden ging sie aus, und wenn man sie wieder andrückte, machte das Ding ein peinliches Furzgeräusch, das sofort Dusch-Scham de luxe auslöste.

Am Ausgang informierte mich noch ein drahtiger braungebrannter Mitarbeiter über die Mitgliedschaftsoptionen: Entweder Full Member für 250 Euro im Monat mit 24/7-Zugang zu allen Trainingsflächen und Garantie auf warmes Duschwasser, Sparmitgliedschaft für 19,90 Euro für alle, die nur morgens vor neun Uhr trainieren und keine Getränke-Flat brauchen oder Speed-Pass für Schnellsportis, die unter 30 Minuten ihr Workout beenden. Diese kriegen pro Besuch noch 10 Euro ausgezahlt, wenn sie beim Rausgehen eben noch den Boden wischen.

Sorry, aber bis ich mir diese Optionen alle durchgerechnet habe, nehme ich einfach den Seniorentarif: Eierlikör-Flat, Schuhanzieher und ausschließlich Musik, die vor 1995 veröffentlicht wurde.

*　*　*

Am Sonntag hatte ich Muskelkater. Da ich jedoch nicht so ganz untätig auf der Couch herumliegen wollte, verordnete ich mir erst mal Denksport. In meinem ordentlich rumpelnden Hirn postulierte ich eine bessere Welt.

Eine Welt, in der es nur schöne Wörter mit P gibt: Pizza, Pasta, Punkrock. Eine Welt, in der Body Schöning statt Body Shaming herrscht, und zwar durch eine gesetzlich verankerte Pflicht, mindestens drei seiner Körperteile bedingungslos zu lieben. Zum Beispiel den kleinen Finger, das Knie oder auch die Ohrläppchen. Meine Ohrläppchen finde ich nämlich klasse. Nicht zu groß, nicht zu klein, perfekte Wölbung und wunderbar weich wie frischer Orecchiette-Teig. Ich betone sie gern, und das nicht nur, um von meinem Gesicht abzulenken. Und wenn ich meine Ohrläppchen jeden Morgen bewusst dreißig Minuten ehrfürchtig anstarren würde, hätte ich keine Zeit mehr, mich über den schwindenden Haaransatz und den wie ein Muffin über den Hosenrand ragenden Bauch zu ärgern.

Und wie toll wäre eine Welt, in der es lindgrüne Oberteile mit Glitzerkragen für alle gäbe? Es gibt ja schließlich auch kein Auto mit drei Reifen, weil der Hersteller findet, dass nun wirklich nicht jeder damit fahren sollte.

Eine Welt, in der Diversität nicht heißt, dass jetzt bei *GNTM* auch Alte und Dicke angeschrien werden, wenn sie sich in High Heels auf den Damenbart legen. In der man Bauch, Beine und Po haben darf, wie sie gewachsen sind, statt sie auf Kirschkerngröße zu minimieren oder auf Melonenstatus aufzupumpen, je nachdem, was die Kardashians gerade so aus ihrem Badezimmer posten.

Eine Welt, in der man sich nicht schämt, mit zweiundfünfzig nicht mehr auszusehen wie mit fünfundzwanzig, sondern seinem Körper einfach mal »danke« sagt.

Denn dass dieser jetzt ein wenig mitgenommen aussieht, ist ja nur die Folge davon, dass er sehr viele Jahre wirklich alles gegeben hat und wir das für selbstverständlich gehalten haben. Also Zeit, mal ein bisschen Wertschätzung zu zeigen, auch wenn das Wort »Selfcare« ja fies nach überteuerten Selbstsucher-Seminaren für Teilzeitesoteriker klingt.

Also: Danke, liebe Haut, dass du die kompletten Achtzigerjahre unter einer dicken Schicht Baumarkt-Schminke ausgeharrt hast, während das Haupthaar dreimal täglich mit Hair Crimpern in Brand gesetzt wurde. Danke, liebe Füße, dass wir jahrelang in High Heels aus dem Haus gestapft sind, auch wenn wir nur bis zur Mülltonne wollten. Danke, lieber Magen, dass du es uns nicht übelgenommen hast, dass wir viele Jahre unter »regelmäßigen Mahlzeiten« verstanden haben, uns genau alle zwei Stunden ein Schokobrötchen zu gönnen. Und sorry, liebe Nieren, dass wir die ganzen Neunziger bauchfrei rumgelaufen sind, weil wir aussehen wollten wie Britney, auch wenn es nur zu Unsporty Spice gereicht hat.

Und natürlich danke, liebe Augenfältchen, dass ihr sichtbar Zeugnis darüber ablegt, dass sich seit dreißig Jahren bei jeder Wiederholung von *Sketchup* literweise Lachtränen-Furchen in meine Gesichtshaut graben.

Ab sofort bin ich gnädiger mit meinem äußeren Erscheinungsbild und bin nicht mehr sauer, wenn ich beim Online-Shop den Filter »Oberteile in meiner Größe anzeigen« setze und daraufhin nur Schals angezeigt werden. Denn ich hocke ja quasi nur in meinem Körper drin und gucke den ganzen Tag raus. Ertragen müssen ihn die anderen. Und das mute ich den anderen einfach mal zu. Kurz, ich renne keiner Bikinifigur mehr hinterher, sondern stehe dazu, dass ich das ganze Jahr über meine Weihnachtsfigur habe.

Schläfrig wachte ich nach einer Stunde des wohligen Dahindösens in Utopia auf und sah meine Weltsicht sofort bestätigt:

Es war doch kein Zufall, dass mein Kater sich inmitten von unzähligen Plüschkissen und Kuscheldecken ausgerechnet meinen Bauch ausgesucht hatte, um völlig weltvergessen auf mir herumzutrampeln. Tja, was dem einen seine Problem-, ist dem anderen seine Komfortzone.

Mit diesem neuen Selbstbewusstsein ging ich am nächsten Tag in das Bekleidungsgeschäft zurück. Zielgerichtet lief ich sofort zur Zauberschublade, schnappte mir erst die Tunika und dann Frau Paslewski, sah umherstehende Kunden mit einem selbstsicheren »Schaut und lernt von den Profis!« an und säuselte mit zuckersüßem Augenaufschlag: »Das hier ist am Halsausschnitt schon kaputt. Können Sie da vielleicht am Preis was machen?«

MEINE FITNESS-ROUTINE:
ZUM STUDIO FAHREN,
20 MINUTEN VERSUCHEN,
SICH EIN GETRÄNK
EINZUSCHÜTTEN UND
DANN DREI STUNDEN
ZU FUSS IM PARKHAUS
DAS AUTO SUCHEN.

Die perfekte Umkleidekabine

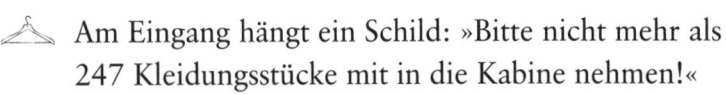 Am Eingang hängt ein Schild: »Bitte nicht mehr als 247 Kleidungsstücke mit in die Kabine nehmen!«

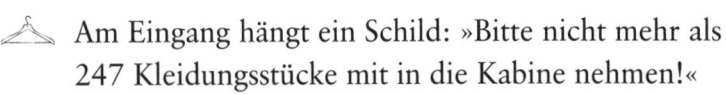 Sie ist so groß, dass man mitgebrachte Tabletts von Dunkin' Donuts bequem ablegen kann.

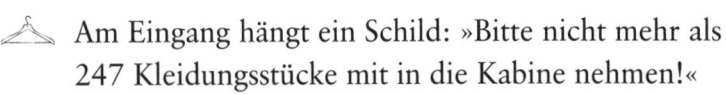 Das Licht ist so gedimmt, dass man weder seine eigene zystische Akne noch die Preisschilder erkennen kann.

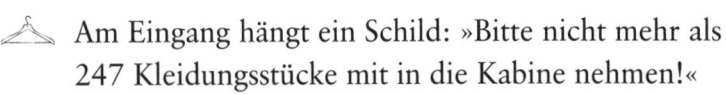 Es liegen keine auf links gedrehten Anprobier-Klamotten des Vorgängers auf dem Hocker mit dem Label »Herbstkollektion 2009«.

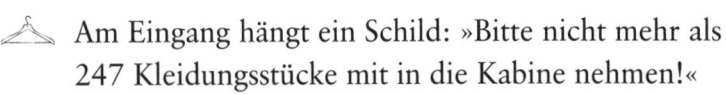 Sie ist so gut schallgedämmt, dass niemand hört, wie oft man auf den Boden hopsen muss, um das Top über diverse Hügellandschaften zu ziehen.

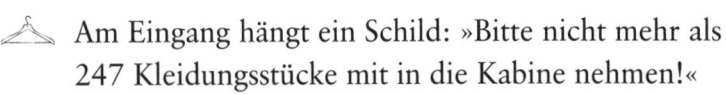 Es hängt kein Spiegel drin, sondern nur das Schild: »Wenn's zugeht, dann nimm es!«

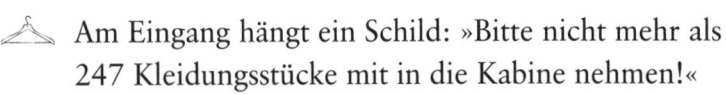 Beim Anziehen kegelt man nicht versehentlich mit dem Ellbogen eine Traube von Sechstklässlerinnen um, die in der Ecke um ein TikTok-Video herumsteht.

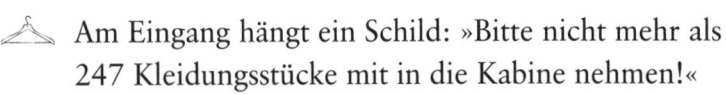 Die Musik ist so laut, dass man nicht hört, wie die Verkäuferin fragt: »Sind Sie sicher, dass Sie mit 44 auskommen?«

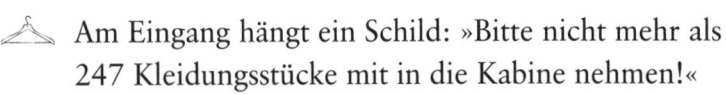 Sie hat keine Sitzgelegenheit, auf der man sich niederlassen und prompt vergessen kann, was man eigentlich hier wollte.

Es steckt kein Verkaufspersonal den Vorhang zur Seite und ruft: »Whooow, diese Tweed-Taft-Tunika ist ja ein Träumchen!«

Sie hat einen Geheimgang, durch den Ihnen Ihre beste Freundin Ihre eigentliche Auswahl drei Nummern größer hereinschmuggelt.

Beim Verlassen der Kabine ertönt automatisch Applaus – allerdings nur, wenn man genau die Bollerbuchse und das ausgeleierte Sweatshirt trägt, mit denen man reingegangen ist.

Sorgenfrei in zwei Minuten #7

Manchmal scheitern Projekte, weil man zu ehrgeizig ist. Daher sollte man Ziele nach einiger Zeit neu definieren und sie an tatsächlich erreichbare Werte anpassen. Zum Beispiel beim Abnehmen. Hier macht es Sinn, seine Ziele alle paar Wochen auf ihre Machbarkeit zu überprüfen:

Zieldefinition 1: 15 Kilo abnehmen.

Zieldefinition 2: 10 Kilo abnehmen.

Zieldefinition 3: Oversized Poncho kaufen.

Tech? No! Wenn Mikrowellen morden wollen

Im Leben des modernen Menschen gibt es mehrere Möglichkeiten der rituellen Selbstheilung: Man führt ein daily Journal, in dem man sich für die Gehaltserhöhung oder den eben gesehenen Schmetterling auf der Fensterbank bedankt. Man pilgert mit seiner Glaubensgemeinschaft ins Münsterland, um sich im Designeroutlet Ochtrup von seinen Sünden freizukaufen. Oder man veranstaltet auf dem Küchentisch einen Kabelsortiertag. Denn wer hat sie nicht, so eine Kabelkiste, in der Hunderte von Schnüren in Lakritzoptik, die zu einem krakenförmigen Klumpen verwachsen sind, ihr einsames Dasein fristen? Egal, ob im stylischen Flechtkorb oder im ollen Schuhkarton, hier hortet man Geräteanhängsel, die so unrettbar ineinander verknäuelt sind wie die Hirnwindungen des Wendlers. Sie wurden irgendwann mitgeliefert für diverse Handys, Tablets, Powerbanks und digitale Bilderrahmen, die längst entsorgt sind; *Wii Sports*, die unterm Sofa verrotten, und wahrscheinlich auch noch für diverse Betamax-Videorekorder. So wie das stets gleiche Stockfoto einer in der Pfütze vergammelnden Maske dafür herhalten muss, um zu demonstrieren, dass wir der Pandemie nicht mehr Herr werden, sind sie das Symbolbild des allgegenwärtigen Technik-Overkills, dem wir hilflos ausgeliefert sind.

Diese rituelle Sortierzeremonie läuft in etwa so ab: Nach zwei Stunden Entknoten, Begutachten und Sortieren nach Farbe und Länge schmeißt man irgendwann zwei undefinierbare Kabel in den Müll, packt die anderen zweihundertsiebenundneunzig in einen Müllsack und legt diesen zurück in den Korb. In diesem befindet sich nun kein Kabel-Knäuel mehr, sondern ein Kabel-Knäuel in einem Müllsack. Dazwischen liegt ungefähr so viel Verbesserung wie zwischen *Manta, Manta I* und *Manta, Manta II*.

Noch mehr vertane Lebenszeit bedeutet es, die betreffenden Gadgets und Geräte tatsächlich zu benutzen. Denn wenn man mich fragt, dann bringen uns diese Heerscharen von blinkenden, surrenden und öttelnden Maschinchen, mit denen wir unser Heim ausgestaltet haben, doch keinen Schritt weiter. Im Bad begrüßen uns morgens schon sprechende Zahnbürsten mit intuitivem Putzprogramm (leicht-mittel-Plasberg), bei denen immer der Akku leer ist. In der Küche lauern elektrische Zitruspressen, die man für ein Glas Eistee zwei Stunden saubermachen muss, während draußen im Garten die Rasenmähroboter Igelkinder zerfetzen.

Prinzipiell bin ich ja dankbar, dass ich keine Wäsche mehr am Fluss drei Meilen vor dem Dorf waschen muss. Aber es hatte damals sicher auch sein Gutes. Immerhin ist den Menschen damals die *Calgon*-Werbung erspart geblieben.

Trotzdem fühle ich mich immer mehr wie der Butler in *Downton Abbey*, der sich stur gegen die Anschaffung eines Telefons aussprach (»Wer braucht so einen neumodischen Kram? Immer, wenn Lady Mary oder ihre Schwestern in den Wehen liegen, dann reite ich drei Pferde tot, aber ich habe es immer noch jedes Mal pünktlich ins Dorf geschafft, um den Pfarrer zu holen!«).

Bei der Inbetriebnahme der Eisenbahn in England hatte man übrigens Sorge, dass Frauen bei einer Geschwindigkeit von über fünfzig Meilen pro Stunde die Gebärmutter rausfliegt. Das ist natürlich frauenfeindlicher Scheiß gepaart mit unverbesserlicher Rückwärtsgewandtheit. Dennoch erwische ich mich dabei, dass ich bei einem Bericht über den Hyperloop, bei dem Kapseln mit Schallgeschwindigkeit durch eine Röhre geschossen werden, als Erstes denke: Wie soll das funktionieren? Kleben meine Kontaktlinsen nach der Fahrt hinterm Auge fest, und bin ich beim Aussteigen zwei Jahre jünger als beim Einsteigen? Nee, wenn ich Schallgeschwindigkeit live erleben will, raschle ich doch einfach in der Küche mit dem Katzenfutter!

Ja, liebe junge Menschen, ich weiß, wir bräsigen Boomer nerven mit unserer ständigen Technikskepsis und Innovationsverweigerung. Aber warum rennt ihr dann in Vinyl-Läden, kauft euch auf Flohmärkten Spiegelreflexkameras und eröffnet Oma-Cafés mit Dröppelminna und Grammofon? Vielleicht, weil ihr euch auch nach Zeiten zurücksehnt, in denen die Dinge funktioniert haben? Auch wenn es mich gefährlich gestrig aussehen lässt, so wage ich einfach mal die These: Dieser ganze neumodische Kasperkram macht nie, was er soll, und vor allem das Leben nicht leichter.

Der Irrsinn empfängt mich etwa tagtäglich im Auto. Bei

meinem ersten Wagen musste ich noch die Fensterscheibe runterkurbeln und den Choke ziehen. Für die, die sich noch erinnern: Das war jene Zeit kurz vor Christus, als *VW* noch eine vertrauenswürdige Marke und Tesla eine Hardrockband mit fiesen Frisuren war.

Aber wenn ich Musik hören wollte, habe ich die Taste »Play« auf dem Tapedeck gedrückt, und zack kam Musik! Wenn ich jetzt einsteige und mich auf zwei Minuten dreißig aggressive Gitarrenmusik auf dem Weg zum Einkaufen freue, fummle ich erst mal ewig am Display rum. Geht man erst auf »On«, dann auf »Multimedia« und danach auf »Bluetooth« sowie im darauffolgenden Menü auf »Smartphone koppeln« und dann im Pull-down-Menü auf »Mama Handy«, so dauert es nur noch fünfzehn Minuten, bis man das Teil aus der Tasche gewühlt hat, das natürlich noch mit dem Soundblaster in der Küche verbunden war und erst mal entkoppelt werden muss. Meistens bin ich in dieser Zeit schon vom Einkaufen wieder zurück und habe aus lauter Frust über die mangelnde Musikbegleitung nur die Titelmelodie von *Dalli Dalli* gepfiffen. Das war früher eindeutig leichter: Kassette rein, Lautstärke auf 10 und, sobald irgendwas von Nena kam, vorspulen! Und wenn man den Motor ausgemacht und die Tür geöffnet hat, hat das Tapedeck nicht automatisch gestoppt, sodass man dem ganzen Wohnviertel noch seinen exquisiten Musikgeschmack unter die Nase reiben konnte, was ja im Grunde genommen der Sinn eines Car-HiFi-Systems ist.

Überhaupt, das Blinki-Bill-Display mit seinen endlosen Konfigurationsoptionen: Wenn ich das Navi im Blick habe, kann ich nicht die Audio-Ansicht sehen, um den

Track zu skippen. Wenn ich die Audio-Ansicht sehe, habe ich das Navi nicht im Blick. Was aber nicht schlimm ist, da es die ganzen Umleitungen im Ruhrgebiet ohnehin nicht auf dem Schirm hat, und so klemmt man mit einem alten Kaugummi noch sein Phone mit Google-Maps daneben. Und die Rückfahrkamera erinnert mich allenfalls daran, dass ja noch einiger Unrat in der Garage steht, den man endlich mal entsorgen könnte.

»Das kannst du alles einstellen«, sagt mein Mann dann immer. »Ja, wie beim Festplattenrekorder, den du vor fünfzehn Jahren gekauft und immer noch nicht in Betrieb genommen hast«, kommt dann immer die im Lieferumfang inbegriffene Standardantwort.

Den Car-Electronics-Super-GAU hatte ich jedoch letzte Woche: Da ist mir doch wahrhaftig ein Bus in die Seite geknallt, da ich mich bei der Ausstattung gegen ein »Automatic Bus Accident Avoiding System« entschieden hatte. Da stand ich nun mit eingedötschter Flanke und wartete auf die Polizei. Da schönes Wetter war und das Ganze wohl länger dauern sollte, stellte ich mich raus und lehnte mich ungefähr zwei Meter neben dem Auto an einen Poller. Als schließlich eine gute Stunde später die Schuldfrage geklärt, sieben Seiten Anhörung ausgefüllt waren und mir der Busfahrer ein reuiges »'schulligung, habe gedacht, es hätte gepasst« entgegengestammelt hatte, wollte ich wieder einsteigen und nach Hause fahren. Ging aber nicht, der Motor sprang nicht an. Nette Menschen hielten und boten Hilfe an, die aber leider nichts nützte, obwohl sie ihr Überbrückungskabel bereits nach zwanzig Minuten im Kofferraum gefunden hatten (Respekt!). Es blieb mir nichts anderes übrig, als den ADAC zu rufen. Ein unfreundlicher Mitarbeiter, dem quasi ein serienmäßig eingebautes »Frau am Steuer, das wird teuer!«-Geschwurbel an der Stirn haftete, lieferte mir daraufhin die abstruseste Begründung, die ich je gehört hatte: »Sie haben halt mit der Schlüsselkarte in der Tasche im falschen Abstand zu Ihrem Fahrzeug gestanden. Die Elektronik wusste nicht, ob Sie aufmachen oder abschließen wollten, und war die ganze Zeit im Dauereinsatz. Und irgendwann war dann eben Schicht im Schacht.«

Das war eine meiner dunkelsten Stunden im täglichen Technik-Verdruss. Jetzt ist es schon so weit, dass nicht mal mehr die Autos wissen, was ich eigentlich von ihnen will! Reicht es nicht, ständig in der Partnerschaft seine Nähe-Distanz-Problematik neu verhandeln zu müssen? Was kommt als Nächstes? Verweigert der Tank die Benzinaufnahme, weil er eine narzisstische Persönlichkeitsstörung hat und schreit mich an: »Geh weg mit deiner E-10-Plörre, letzte Woche war ich dir noch güldenes Premium-Benzin wert, und jetzt kommst du mir hier mit so einer Kelle Billig-Sprit?«

Oder ertönt aus dem Digitalradio, das ich mit nur dreiundzwanzig Antippern endlich eingestellt habe, eine Stimme: »Sind Sie sicher, dass Sie *Highway To Hell* hören möchten? Ihr Blutdruck und Ihre Körpersprache lassen eher vermuten, dass Sie von Grillenzirpen begleitetes Bachrauschen brauchen?«

Mit einem stinknormalen Schlüssel wäre das nie passiert!

Okay, man musste diesen nicht selten in einer Handtasche hervorkramen, in der sich auch diverse Kosmetiktäschchen, Einkaufsbeutel, Wasserflaschen, Müsliriegel, kleingefaltete Sitzkissen und Kopfschmerz-Roll-Ons befanden. Aber man hat die Karre damit nicht in einen Xavier-Naidoo-Modus versetzt: »Ja … nein … vielleicht … doch nicht … ach, jetzt könnt ihr mich alle mal, ich bin dann mal weg.«

Eins ist mir jetzt klar: Wenn mich noch mal ein Autoverkäufer fragt: »Was für eine Ausstattung hätten Sie gerne? Rückfahrkamera, Fahrzeug-Tracker, Head-up-Display?«, dann sage ich: »Nix davon. Ich brauche nur Kupplung, Bremse und Gas!«

Solche Schlüsselerlebnisse häufen sich bei mir in letzter Zeit. Meine Bank sagt mir, ich brauche für die Eröffnung eines Tagesgeldkontos eine App und schickt mir drei fette Briefe, in denen jeweils auf der letzten von siebzehn Seiten der Log-in-Vorgang erklärt wird. Nach jeweils fünf Sicherheitsfragen hätte ich dann »täglich und von überall meine Finanzen im Blick«. Ich wende ein, dass ich bei einem Zinssatz von 0,00 Prozent keinen Grund dazu sehe, denn wenn ich gerade weltvergessen auf einer niederländischen Halbinsel weile, ist das Letzte, das mich interessiert, mich zu vergewissern, dass die vor drei Jahren angelegte Summe noch genauso mickrig ausfällt wie heute. Da vergrabe ich meine 200 Euro lieber im Garten und nehme den Spieß mit der Aufschrift »Oregano« als Secure Safety Personal Password.

Ja, ich vermisse die Zeit, in der man nicht beim Betreten eines Raumes sofort abgecheckt hat, wo die Steckdosen sind, weil man sofort seine Gerätearmada aufladen muss, die nur noch 75 Prozent Ladung hat und damit quasi schnurstracks auf die Auslöschung der Welt, wie wir sie kannten, hinsteuert. Als Mike Krüger schon überfordert damit war, einen Nippel durch eine Lasche zu ziehen. Und ja, man einfach so neben seinem Auto stehen konnte, ohne es zu verwirren.

Stattdessen kommt jeden Tag ein neues Must-not-have dazu. In dem Moment, wo wir ein Gadget über die Türschwelle des Ladens heraustragen, ist es schon veraltet. Hersteller halten angeblich schon irgendwo auf einer Ölbohrinsel in der Arktis die nächsten vierzehn Produktlevel bereit, um jedes Jahr eine neue Variante auf den Markt zu schießen. Wenn ich nach zwei Jahren mal in einen Handyladen gehe und vorsichtig nach einem Ersatzteil frage, bekomme ich nur von einem gelangweilten Typen im Trainingsanzug gesagt: »Versuchen Sie's mal im Deutschen Museum in München.« Und wenn eine Spülmaschine nach fünf Jahren noch nicht den Geist aufgegeben hat, ruft man den Kundendienst an: »Schauen Sie mal, die funktioniert immer noch, da kann doch irgendwas nicht stimmen?«

Was fast noch schlimmer ist: Wir trauen dem programmierten und verdrahteten Elend mehr als unseren eigenen Sinnen. Wenn das Navi »500 Meter geradeaus« sagt, wundern wir uns nicht über besorgt winkende Arbeiter in Warnwesten, sondern fahren mit Karacho ins Hafenbecken. Wenn die Smartwatch sagt, fünf Grad und Regen, rennen wir auch bei neunundzwanzig Grad im Schatten mit Jack-Wolfskin-Lotuseffekt-Jacke zum Bäcker rüber. Und manch geistiges Flachdach ist überzeugt, dass die Welt von Echsen regiert wird, weil der Bruder des

Nachbarn einer Kollegin es immerhin geschafft hat, mit dem Nokia-Handy im Hobbykeller ein Video zu drehen und im Internet hochzuladen.

Wo soll das noch hinführen? Ja, das immer gerne angeführte Genöle »Wir sollen erst mal den Hunger in der Welt bekämpfen, statt zum Mars zu fliegen« ist reinster Whataboutism oder wie man vor zwei Wochen noch sagte: »Apple and pear comparing.«

Aber einige Dinge machen mir einfach Angst. Zum Beispiel jener Zweieinhalbjährige, der neulich im Botanischen Garten vor der Aquariumglasscheibe mit Daumen und Zeigefinger über das Glas zoomte und sich wunderte, dass das Bild nicht größer wurde. Oder die Mikrowelle von YouTuber Lucas Rizzotto. Dieser hatte nämlich unlängst in einem Anfall erfinderischer Hybris seinem Mini-Ofen per Raspberry PI und GPT-3 Künstliche Intelligenz eingehaucht. Das Erste, was diese daraufhin äußerte, war der Wunsch zu töten, und zwar den Programmierer, dessen eingespeiste Kindheitserinnerungen das Gerät wohl nicht so gut aufgearbeitet hatte.

Okay, der Impuls, einen YouTuber in seine Schranken weisen zu wollen, ist ja vom Ansatz her sympathisch. Nichts nervt mehr als die allgegenwärtigen »Schaut her, wie toll mein Leben ist!«-Kanäle von Sally backt, Daggi kackt und Britta bastelt. Aber allein der Gedanke, jemanden töten zu wollen, ist schon sehr spooky. Es erinnert mich an eine Geschichte des amerikanischen Science-Fiction-Autors Ray Bradbury, die ich mal zu Abi-Zeiten gelesen habe. Der Autor hatte sich vorgestellt, dass im Jahr 1990 Menschen durch baugleiche Duplikate ersetzt werden, und verpackte das in eine schöne Geschichte über einen Mann, der seiner nöligen Ehefrau einen baugleichen Doppelgänger vorsetzen wollte, nur um am Ende festzustellen, dass im Ehebett schon seit geraumer Zeit ein Gattinnen-Imitat liegt.

Heute sind wir natürlich schon viel weiter: Wir konstruieren einen Hyperloop, schaffen es aber nicht, einen Regionalzug zu bauen, in den auch Eltern mit Kinderwagen einsteigen können. Das James-Webb-Teleskop fotografiert 1,5 Millionen Kilometer ins All hinein, während auf Erden Radwege nach zwanzig Metern im Nichts enden. Wir beklagen uns, dass wir zu wenig Zeit haben, während wir stundenlang dem Saugroboter bei der Arbeit zugucken. Und dass im Investorenteam der *Höhle der Löwen* längst statt Carsten Maschmeyer eine baugleiche Schaufensterpuppe sitzt, hat immer noch keiner gemerkt.

Alles, was denkbar ist, ist anscheinend auch machbar. So kommt es wohl auch, dass man allenfalls mit einem erschrockenen Smiley reagiert, wenn man in einem Science-Forum liest, dass Kanada das Strafrecht auf den Mond ausgeweitet hat – falls dort Astronauten mal Verbrechen begehen. Klar, man muss für den bevorstehenden Weltraumtourismus Vorkehrungen treffen, wenn dort Sätze fallen wie: »Hey, das ist mein Krater, habe zuerst mein Handtuch darübergelegt!« – »Du Heiopei, dafür habe ich ALL inclusive gebucht, hier ist mein grünes Bändchen!« Aber kann man das nicht alles sehr viel einfacher haben? Ich finde, wer Tubennahrung und kein Klo in Reichweite schick findet, kann sich ja einfach als *amazon*-Fahrer oder -Mitarbeiter bewerben.

Warum erfinden die ganzen freaky Forscher in ihren Wohnwagen-Thinktanks nicht mal etwas, was einem das Leben wirklich einfacher macht?

Etwa ein Besucher-Frühwarnsystem, bei dem an der Ortsgrenze eintrudelnde Spontanvorbeikommer gemeldet werden, damit man zumindest schnell im Flur die ganzen Schuhe, Futternäpfe und Altglassammelkisten aus dem Weg räumen kann. Eine Technik, die sämtliche Endgeräte eigenmächtig in Flammen aufgehen lässt, sobald darauf ein *smava*-Werbespot erscheint. Oder auch eine neue Methode namens »remote disposal function«, die sämtliche Gewürze aus dem Vorratsschrank, deren Verfallsdatum ein Jahr zeigt, in dem Take That noch zusammen waren, per Highspeed-Kapsel in die Restmülltonne katapultiert.

Meinetwegen auch erst mal nur ein Hirnimplantat, mit dem man gewissenlos alles aus dem Haus ausmistet, was mehr als eine On-off-Funktion hat.

Ich arbeite gerade mühsam daran. Als Erstes kommt die Küchenmaschine raus. Nachdem ich in den letzten drei Jahren zwei dieser Mixmonster geschrottet habe, habe ich beschlossen: ab jetzt nur noch mit der Hand. Es war mir eh immer zu mühselig, auf dem Display abzulesen: »TG frtg in 108 Minuten.« Erstens brauche ich da einen Taschenrechner, um das in eine Zeiteinheit umzurechnen, die ich verstehe. Zweitens wirkt es doch wunderbar frustlindernd, ein Pfund Roggenbrotteig mit roher Gewalt auf den Tisch zu knallen. Und wenn ich schon mal dabei bin, fliegt der vom Verkäufer als letzter heißer Scheiß gepriesene Induktionsherd gleich mit raus, der bei jedem überkochenden Wassertropfen sofort schmerzverzerrt piept und sich dann beleidigt ausstellt. Und die mordlüsterne Mikrowelle gleich hinterher – vielleicht weiß die, dass ihre Besitzerin in den Achtzigern mal bei *Peter's Pop-Show* war, und ist seitdem psychotisch?

Damit wäre ich auch fertig, denn sprechende Haushaltsgeräte, die ich entsorgen könnte, habe ich zum Glück nicht. Dagegen habe ich mich gewehrt. Nicht weil in Billiglohnländern Menschen sitzen, die meine Befehle und meine Grundstimmung dokumentieren. Nein, ich habe einfach Angst, dass ich mich zu Tode erschrecken könnte, wenn ich um etwas bitte und jemand es direkt ausführt.

Bedienungsanleitung für JEDE Küchenmaschine, die nach 1995 hergestellt wurde

1. Prüfen Sie, ob es auch wirklich die bestellte Mothers Monster Galaxy 3000 Premium Power mit Schwenkarm und Rauschunterdrückung ist.

2. Nehmen Sie sich zwei Tage Sonderurlaub, um das Gerät mitsamt zehn Rührstäben, drei Häckselmaschinen, sieben Raspelwendescheiben und vier Durchlaufschnitzlern auszupacken.

3. Lesen Sie den Beipackzettel auf Deutsch, Koreanisch und Sächsisch.

4. Prüfen Sie, ob Ihre Hausratversicherung im Fall einer Zerstörung durch unsachgemäßen Gebrauch oder versehentliches Abtrennen von Körperteilen greift.

5. Scannen Sie die Anleitung ein und speichern Sie sie in dem Ordner »Steuererklärungen 2011 bis 2021«.

6. Bauen Sie neben dem Haus einen weiteren Carport, um das Gerät mit Zubehör verstauen zu können.

7. Verbringen Sie acht Stunden in der Hotline des Herstellers, um zu fragen, ob die Rührstäbe auch drei Pfund Salzteig auf einmal schaffen.

8. Erklären Sie Familienmitgliedern ruhig und besonnen, dass man Eischneeersatz aus Kichererbsen nie auf Stufe 12 steifschlagen sollte. Streichen Sie danach die Küche.

9. Häkeln Sie aus Baumwollresten eine Hülle für das Gerät, die auch keine optische Verbesserung herbeiführt.

10. Rühren Sie weiterhin alles mit dem Holzlöffel, weil Sie das passende Kabel nicht mehr finden.

DAS SMARTPHONE IST EIN WUNDER DER TECHNIK: MAN WILL GUCKEN, WIE SPÄT ES IST, BUCHT DANN EINE REISE, KAUFT EIN PAAR AKTIEN, WEISS DIE UHRZEIT ABER IMMER NOCH NICHT.

Sorgenfrei in zwei Minuten #8

Führen Sie ein Dankbarkeits-Journal. Dort schreiben Sie alles hinein, was Sie am jeweiligen Tag davon abgehalten hat, rhythmisch den Kopf gegen Ihre Einbauschränke zu knallen. Etwa:

Ich habe heute nur zwei Stunden in der Warteschleife der Kitchenaid-Hotline verbracht.

Mein Kind hat mir gegenüber heute noch keine körperliche Gewalt angewendet.

Ich habe heute eine Jacke angezogen, die nicht zu kalt und nicht zu warm war.

Tatsächlich … Liebe? Beziehungswaisen

Es gibt ja soziale Zusammenkünfte, bei denen es immer um das gleiche Thema geht. Früher ging ich jeden Dienstag in die Krabbelgruppe, wo man sich wahllos mit anderen Menschen in einen Kreis gesetzt hat, nur weil diese gleichaltrige Kinder hatten. Da konnte man wenigstens noch schnell flüchten: Einfach das eigene pumperlgesunde Kind geschnappt (»Huch, ich glaube, der Yannis hat Fieber, ich bin dann mal weg!«) und schön entspannt durch den Stadtpark marschiert, nur um sich keine Storys mehr über Paukenröhrchen und Premiumwindeln anhören zu müssen.

Jetzt ist das anders: Wenn ich mit mehreren Frauen zusammensitze, geht es immer um die gleichen zwei Probleme. Das eine Problem: Ich habe keinen Partner. Das andere: Ich habe einen Partner. Und das Schlimmste: Ich bin inzwischen zu faul, um bei den immer gleichen Gesprächen aufzustehen und wegzurennen. Unser letztes Treffen vor ein paar Wochen war daher ziemlich anstrengend.

Da wären zum Beispiel die Leiden der nicht mehr ganz so jungen Berta. Sie hat ständig Blind Dates und Speed-Meetings, tindert und partnert auf Börsen für Akademiker mit Tabus, aber ohne Niveau – oder war es andersrum?

Sie beklagte sich, dass nur noch Gestörte herumlaufen und die guten Singles alle längst weg vom Markt seien. Als Tina anmerkte, dass die anderen das im Umkehrschluss auch über sie sagen können, stach sie daraufhin den ganzen Abend beleidigt mit einer Dessertgabel auf einen POM-BÄR ein, als wäre er eine Voodoopuppe in Gestalt von Tina.

Angela, die ansonsten immer jammert, dass sich ihr Jochen gehen lässt und nach 18 Uhr zu viele Kohlenhydrate konsumiert, ließ sich entnervt darüber aus, dass dieser sich in einem Anfall jugendlichen Leichtsinns ein Longboard gekauft hatte und ihm bei einem spektakulären Sturz in der Hauseinfahrt die Kniescheibe rausgeflogen ist. Der arme Kerl kann's einfach nicht richtig machen.

Ein bisschen hipper sind dagegen Jessicas Sorgen. Sie kriegt eindeutig zweideutige Nachrichten von ihrem Arbeitskollegen Flavio, obwohl sie ja eigentlich in einer Friends-with-benefits-aber-jeder-zahlt-sein-Essen-selbst-Beziehung mit Lionel ist. Als sie ihren Posteingang mit einer Mischung aus Stolz und Ekel rumzeigte, erstarrte ich kurz, denn bislang war für mich die höchst denkbare Perversion Roland Kaisers schmierig gesungenes Bekenntnis *Manchmal möchte ich schon mit dir*. Heute sind wir da offenbar weiter. »Du musst konsequent Desinteresse zeigen«, riet ihr Manu, »sonst wird das nie was.« Sie muss es ja wissen. Manu führt schon ewig eine On-off-Beziehung mit Dirk. Die beiden streiten sich ständig wie in einer italienischen Parfümwerbung und sind das paargewordene Pendant zur Bono'schen Einsicht »I Can't Live – With Or

Without You«. Entweder ist er ein Riesenarschloch und ihrer nicht wert oder Mister Lova-Lova, für den sie stundenlang Dessous shoppt und Drei-Gänge-Menüs kocht. Ohne Frühlingszwiebeln, denn die verträgt er nicht.

Zum Glück noch rechtzeitig, bevor sie wieder detailreiche Storys über ihren Versöhnungssex abliefern konnte, legte Karin noch eine Schippe drauf. »Ihr werdet es nicht glauben, aber ich habe den Verdacht, der Thorsten betrügt mich«, verriet sie und berichtete von ihrem Vorhaben, einen Privatdetektiv anzuheuern, was alle total aufregend fanden. Ich stelle mir das irgendwie befremdlich vor. Schon das Wort »Betrug« klingt für mich immer ein bisschen nach: »Achtung! Privatgrundstück! Einfahrt freihalten!« Natürlich ist Unehrlichkeit doof, aber dennoch habe ich irgendwie Mitleid mit diesen Menschen, die den ganzen Tag nur versuchen, Spuren zu verwischen und sich nicht zu verplappern. Ich bin schon jeden Tag damit überfordert, die Spuren des Abendessens zu beseitigen. Wenn ich dann höre, dass manche jahrelang ein Doppelleben geführt haben, empfinde ich nicht nur Verachtung, sondern auch ein kleines bisschen Respekt. »Die Konferenz hat länger gedauert«, »Ich stand ewig im Stau«, »Der Zug hatte Verspätung.« – »Aber Schatz, du hast da Lippenstift am Kragen« – »Ja, kannste mal sehen, sooo voll war das im Zug!«

Das sah Karin natürlich anders. Ich fragte mich nur, was ist, wenn die Vermutung falsch ist und Thorsten eine Rechnung von einem zwielichtigen Möchtegern-Matula aus Köln-Porz auf dem Küchentisch findet? Sagt sie dann: »Tja, Thorsten, ich liebe dich so sehr, dass ich vor lauter

Angst, dich zu verlieren, einen Typen auf dich angesetzt habe, der in der Fremdenlegion gelernt hat, wie man Feldhamster grillt und Leute ausspäht.«

Zum Glück kam ich nicht dazu, diesen Gedanken zu äußern, denn Sanne fing an, uns ungefragt ihre komplette Fotogalerie unter die Nase zu reiben. Sie hatte vor sechs Monaten mit ihrem Mann Steffen das, was die BILD ein »Liebes-Aus« nennt. Seither ist sie nun sehr damit beschäftigt, ständig Fotos von ihrem neuen Hottie ins Netz zu stellen, die sie uns nun glückstrunken präsentierte: Maurice und ich mit Sundowner am Strand, Maurice und ich auf der Cranger Kirmes mit »Schätzeken«-Lebkuchenherz oder hier, beim Tätowierer auf Ibiza, wo wir uns gerade das gleiche Hab-dich-lieb-Bärchen auf den Knöchel stechen lassen. Bisschen viel für zwei Wochen Beziehung, denke ich so, aber man muss ja auch gönnen können. Ich gebe zu, ein wenig neidisch bin ich schon ob dieser teeniehaften Begeisterungsfähigkeit für ein teures After Shave und eine professionelle Zahnaufhellung.

Trotzdem hatte ich so die leise Vermutung, dass diese Glücksinszenierung vor allem ein Signal an den Ex sein soll: Guck her, wie happy ich bin, du Scheißkerl! Ich lieb dich überhaupt nicht mehr, das ist aus, vorbei und ... hast du schon gesehen, was der Maurice für ein Sixpack hat?

Warum sie ihn nach neunzehn Jahren verlassen hat, wollte Berta wissen. »Ich habe mich irgendwie nicht mehr gesehen gefühlt«, antwortete Sanne. Wir nickten verständnisvoll, tauschten aber auch Blicke aus, die sagten, dass es wohl eher daran lag, dass Steffen aussah wie Meister Proper, aber trotzdem nicht wusste, wo die Putzmittel stehen, wie Sanne die letzten Jahre nicht müde wurde zu betonen.

Ich ging aufs Klo und nutzte die Gelegenheit, durch Sannes Profil zu scrollen. Komisch, von Steffen hatte sie nie ein Bild gepostet. Vielleicht ist er deshalb ihr Ex? Wäre es nicht ein viel ehrlicherer Liebesbeweis gewesen, statt der Filterfotoshow mit dem neuen Dude ehrliche Schnappschüsse über das Leben zu zweit in drei Jahrzehnten zu posten? Mit Sonnenblumen-BH auf der Love Parade, mit Schnarchmaske im ersten All-inclusive-Urlaub, beim Mähen des Reihenhausgartens im karierten Hemd von *Adler* und beim Angrillen zur Fußball-EM 2016 mit literweise Gewürzketchup auf der Schürze? Und vielleicht sollte man nicht erst auf Social-Media-Bilder von seinem neuen Lover mit Aperol Spritz im Strandkorb oder mit E-Scooter auf dem Bio-Feierabendmarkt teilen, sondern bevor es so weit kommt, ein Foto in seiner Story posten, auf dem eine Rolle Klopapier abgebildet ist, die jemand oben auf einen Halter gestellt hat, auf dem noch die alte Papprolle steckt, und das mit der Aufschrift: »Wenn du DAS zwanzig Jahre mitgemacht hast, muss es Liebe sein!« Ich meine, Brad Pitt pupst sicher auch mal in die Sofakissen, und Ryan Gosling hatte bestimmt schon mal streng riechenden morgendlichen Odem.

Aber unsere Jungs sind offenbar alle zu nix fähig. Derweil sitzen die aber nicht zusammen und beschweren sich über uns, sondern gucken wohl eher gerade die Sportschau und machen Fußnägel-Weitschnipsen. Gut, auch nicht viel besser, aber warum muss eigentlich die Beziehung immer ein Dauerknaller sein, nur weil man vor vielen Jahren mal einen Landgasthof gemietet, verdammt teure Häppchen und einen Alleinunterhalter bestellt hat? Wir lästern über unsere Kinder und deren »Generation beziehungsunfähig«, aber selbst leben wir ihnen vor, dass es Liebe ist, weil wir nach fünfundzwanzig Jahren immer noch nicht die Hoffnung aufgegeben haben, dass der andere sich ändert. In vielen anderen Lebensbereichen sagen wir ja auch oft: »Egal, ich lass das jetzt so!« Spiekeroog ist nicht Koh Samui, aber wo die Sonne nun genau orange ins Wasser plumpst, ist doch eigentlich egal. Der Mantel aus dem Secondhandladen ist *last season*, dafür aber nachhaltig. Auch bei unseren Freunden und Bekannten sind wir gnädiger. Wenn die uns mal versetzen oder einen dummen Spruch reinwürgen, ist das beim nächsten Mal wieder vergessen. Nur der Partner muss immer 24/7 spüren, wie es einem geht, und ständig aufpassen, dass er sich bei nett gemeinten Komplimenten (»Das Kleid steht dir nach all den Jahren immer noch gut!«) keine fängt.

Das soll kein Plädoyer für *Wolke 4* sein – mit einem der schlimmsten Lückenbüßer-Songs überhaupt (vom musikalischen Übel ganz zu schweigen): »Lieber Wolke vier mit dir als unten wieder ganz allein« – Nee, lass mal, als Gerade-nix-Besseres-gefunden-Partner sollte keiner durchgehen.

Aber das Leben besteht ja nicht nur aus gelungenen Fotos, die man ständig ins Netz streut, sondern auch aus jeder Menge Ausschuss, den man früher im Fotogeschäft zurückgegeben hätte. Die verwackelten und die mit den abgeschnittenen Füßen und den genervten Blicken oder den schlimmsten aller denkbaren Bilder, nämlich jene, die andere von uns beim Essen gemacht haben, während wir uns unbeobachtet gefühlt haben.

Als ich mit gekräuselter Denkerstirn wieder ins Wohnzimmer kam, hatte man schon zu aufwendig verzierten Himbeer-Mojitos in den Gossip-Modus gewechselt. »Hast du schon gehört? Die Elena hat jetzt einen siebzehn Jahre Jüngeren!« Wahnsinn. Sie macht das Gleiche wie Männer seit Jahrhunderten, nur dass dem Typen kein Mutter-Komplex unterstellt wird. Ganz ehrlich, ich möchte niemanden daten, dessen erste selbst gekaufte CD *Großer Bruder* von Zlatko und Jürgen war. Aber jede, wie sie meint.

Oder: »Habt ihr diesen Podcast über Polyamorie gehört? Also, ICH könnte das ja nicht.« (Brauchst du auch nicht, Karin, sonst musst du gleich vier Leuten hinterherspionieren, das wird teuer!) Unter uns: Ich könnte das auch nicht. Wahrscheinlich herrscht da ein heilloses Chaos in der Schuhbrett-Garderoben-Kombi im Eingangsbereich. Hat da jeder einen eigenen Haken mit Blumen- oder Bärchensymbol? Aber das soll ja mein Problem nicht sein. Jeder Jeck ist anders, each to their own oder wie das polnische Sprichwort sagt: nicht mein Zirkus, nicht meine Affen.

Am Ende ist es egal, ob wir frisch oder alt verliebt sind, alleine, in einer Zweier- oder Dreierpartie hausen, Männer oder Frauen oder alles dazwischen als Einschlafbegleitung bevorzugen oder all unsere Liebe einem Fisch namens Hartwin zuteilwerden lassen. Unterm Strich wollen wir doch alle nur jemanden, mit dem man super reden oder schweigen kann.

»Und bei euch so?«, fragte Jessy plötzlich, und ich schreckte aus meinem Gedankenbrei hoch wie beim Sekundenschlaf in der S-Bahn, wenn plötzlich der Kontrolleur nach der Fahrkarte verlangt. Was konnte ich jetzt noch sagen, um die bisherigen Statusmeldungen des Abends zu toppen? Vielleicht: »Also, unsere Beziehung hat so unendlich viele Layers, und wir vergewissern uns ständig unserer unglaublich deepen Emotions, indem wir beim regelmäßigen Couple Coaching im Thüringer Wald mit nicht permanenten Markern auf ein Whiteboard kritzeln, was der andere so für positive Assets hat«? Stattdessen stammelte ich: »Och, alles wie immer«, gefolgt von einem semi-glaubwürdigen Erschrocken-auf-die-Uhr-guck-Blick: »Wie, schon zehn? Sorry, Mädels, ich muss dann mal los.« Schließlich war ja Donnerstag. Und da ziehen wir uns schon seit zwanzig Jahren immer unsere grünen Frottee-Hausanzüge mit Krokodilkapuze an, hören alte *Hui-Buh*-Kassetten, schlürfen *Kaba* durch den Knotenstrohhalm … und unterhalten uns darüber, wie seltsam doch andere Paare sind.

VIELE EINSICHTEN KOMMEN
ERST IN SPÄTEN JAHREN.
ZUM BEISPIEL DIE,
DASS EIN EHEPARTNER
EIN HAUSTIER NICHT
ERSETZEN KANN.

QUIZ: Wie robust ist Ihre Beziehung?

Sind Sie tolerant?

a) Ja, solange er macht, was ich will, lasse ich ihn das gerne tun!

b) Unbedingt. Wir gehen auf Fetischpartys, leben in einer Ménage-à-neuf, und ich toleriere sogar seine Genesis-Sammlung.

c) Ich nehme seit dreißig Jahren hin, dass er »Worschestersoße« sagt.

Führen bei Ihnen manchmal Missverständnisse zu Streit?

a) Ja klar, unsere Nachbarn werden das bestätigen.

b) Bei uns ist das gerecht aufgeteilt: Ich sage nix, und er hört nicht hin.

c) Nein, denn wenn mein Mann sagt: »Wir brauchen mal einen Tapetenwechsel«, dann weiß ich, dass er meint: »Wir müssen die Tapeten wechseln.«

Sind Sie romantisch?

a) Ja, wir schicken uns ständig Diddl-Maus-Memes und hören am Hochzeitstag immer *Er gehört zu mir*.

b) Unsere Beziehung ist wie eine britische Rom Com aus den Neunzigern, nur ohne Hugh Grant und mit noch weniger Humor.

c) Absolut. Schon beim ersten Date haben wir uns bei Kerzenschein Songs vorgespielt, die wir beide zum Kotzen finden. Das verbindet einfach.

Wie halten Sie Ihre Beziehung frisch?

a) Am Valentinstag gibt's ein paar faire Moosröschen von der Tankstelle.

b) Spätestens nach drei Tagen ziehe ich das andere Oberteil an.

c) Ich überlege immer erst einen Moment, bevor ich seinen Namen sage. Inzwischen sogar unbeabsichtigt.

Haben Sie gemeinsame Hobbys?

a) Nein, es gibt sonst *niemanden*, der im Urlaub am Strand sitzt und per App checkt, was der vorbeischippernde MAERSK-Frachter für Waren geladen hat.

b) Fast. Ich koche, und er sagt, was laut Rezept eigentlich reingehört hätte.

c) Wir lieben lange Spaziergänge. Vor allem, wenn der andere sie macht.

Würden Sie sagen, dass Sie und Ihr Partner sich gegenseitig voll vertrauen?

a) Ja, ich würde nie auf die Idee kommen, sein Handy zu kontrollieren. Also das *Samsung Galaxy Z Fold3 5G* mit dem Tastensperren-Code 4375 und den allein achtundvierzig Nachrichten in der letzten halben Stunde.

b) Nein, er darf ruhig seine Geheimnisse haben. Ich will zum Beispiel gar nicht wissen, wie alt das Butterbrot in seiner Frühstücksdose schon ist.

c) Ja, ich sage ihm einfach: Hol mich um zwei im Einkaufszentrum ab, und ich kann mich drauf verlassen, dass er um fünf kommt.

Lassen Sie sich gegenseitig Freiräume?

a) Ja, wir haben einen Belegungsplan, wer wann das Schlafzimmer nutzen darf.

b) Er hat die Freiheit, alles zu tun, was ihm Spaß macht. Ich warte dann solange vor der Achterbahn.

c) Na ja, wir gehen oft zusammen ins Kino, aber nicht in den gleichen Film.

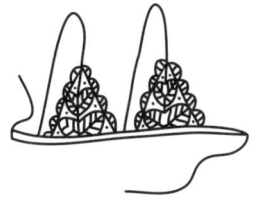

Sorgenfrei in zwei Minuten # 9

Manchmal kriselt es in Partnerschaften, weil wir einfach überzogene Ansprüche haben. Diese ändern sich jedoch mit den Lebensjahren. Kurz, je älter wir werden, desto unkomplizierter wird's, und das ist doch schön:

Mit 20 Jahren: muss der andere humorvoll sein und schöne Hände haben.

Mit 30 Jahren: soll er gut kochen können und Familienmensch sein.

Mit 40 Jahren: sollte er tierlieb sein und mir meinen Freiraum lassen.

Ab 50 Jahren: reicht es, wenn er beim Einkaufen im Supermarkt ein Obstnetz benutzt.

Kleinhirn an Großhirn:
Fertigmachen zum Vergessen

Unser Körper ist schon ein Wunderwerk: Das Herz pumpt jede Minute sechs Liter Blut in die Gefäße. Die Leber kann sich selbst nachbilden. Unser Gehirn hat 100 Billionen Synapsen und rund 100 Milliarden Nervenzellen, die durch 5,8 Millionen Kilometer lange Nervenbahnen miteinander verknüpft sind – das sind umgerechnet fast hundertfünfzig Erdumrundungen.

Das ist sehr beeindruckend, aber in Sachen Hirn könnte der Hersteller ruhig mal nachbessern: Warum hat der Denkbeutel Milliarden Nervenzellen, muss aber nach halber Laufzeit dreimal am Tag zurück ins Schlafzimmer gehen, damit einem wieder einfällt, was man in der Küche wollte? Auch wenn ich mich gerade noch ohne Sockenanziehhilfe ankleiden kann, habe ich inzwischen ein Gedächtnis wie dieses, dieses Dingens, wo man immer Nudeln drin abtropft.

Es ist aber auch zum Verzweifeln. Jahrelang hat man sich binomische Formeln, lateinische Genitive und chemische Elemente in die Rübe geknallt, die man danach nie mehr gebraucht hat. Und jetzt, wo man so viele Sachen ständig abrufbar haben möchte, etwa die Liste mit Büchern, die man in seinem Leben unbedingt noch lesen muss oder die Nummer des Apotheken-Bringdiensts, ist auf einmal kein Speicherplatz mehr da.

Nicht mal das bloße Nichtstun kann ich in Ruhe genießen. Immer, wenn ich mal zwei Stunden Zeit habe, mich in die Hängematte zu fläzen, fragt sich irgendeine dunkle Ecke des Denkapparats, welchen Termin ich wohl gerade vergessen habe.

Klarer Fall, der USB-Stick ist voll. Wie oft verzweifle ich beim Walken im Stadtpark an meinen Earphones: War »Song skippen« jetzt zweimal kurz und einmal lang auf den linken Kopfhörer klopfen oder einmal rechts? Bis ich die Funktion »Gespräch annehmen« richtig ausgeführt habe, ziehe ich das Kabel genervt raus und schreie zum Missfallen aller anderen Flaneure einfach so ins Gerät.

Beim Zugfahren habe ich inzwischen immer einen Zettel in der Tasche, auf dem ich mir riesengroß das Gleis des Anschlusszuges notiert habe. Darauf starre ich bereits dreißig Minuten vor dem Umsteigen wie ein Waldkauz. Wenn ich dann aber zwischen Brennpunktschulausflügen, dem jährlich stattfindenden Ausflug der Besitzer von verhaltensgestörten Hunden und sieben anonymen Micky-Krause-Imitatoren endlich den Zug verlassen habe, stehe ich wieder hilflos da und überlege, wo ich den Zettel hingepackt habe (meistens halte ich ihn dann in der Hand).

Und nicht selten, wenn es an der Tür klingelt, renne ich die Treppe runter, und es fällt mir erst im letzten Moment ein, dass ich ja nur einen BH trage.

Am schlimmsten ist es, wenn man beim Einkaufen Leute trifft und beim lockeren Small Talk plötzlich merkt: Ich kenne dich doch, ich weiß nur nicht mehr genau, woher! Dann versucht man verzweifelt, bei Allgemeinplätzen zu bleiben, etwa »Schönes Wetter«, oder »Die Melonen sind im Angebot!« Und man kann nur noch hoffen, dass man sich nicht mit den falschen Fragen verplappert (»Was macht die Familie?« – »Welche Familie? Die sind doch alle bei einem Autounfall ums Leben gekommen. Wir kennen uns doch aus der Trauergruppe, weißt du nicht mehr?«) Das ist dann jedes Mal die Stelle, an der ich mir schwöre, mich nie wieder über Senioren lustig zu machen, die auf den Enkeltrick reinfallen.

Hätte ich gewusst, dass sich die Zellen in meinem Kopf so schnell dezimieren, hätte ich die letzten Jahre viel besser mit meinen Neuronen gehaushaltet. Ich hätte zum Beispiel in jungen Jahren schon das Rezept für Grießknödel auswendig gelernt, sodass ich nicht jedes Mal wieder mein altes Kochbuch rauskramen muss. Oder mir die Nummer vom Pizzadienst als Graffiti an die Küchenwand gesprüht (andere haben sie im Handy eingespeichert; die wissen aber auch, wo ihr Handy ist).

Laut Forschung nimmt die geistige Leistungsfähigkeit ab fünfzig ab, manche Studien behaupten sogar, schon ab Mitte vierzig. Welche Informationen gespeichert und welche aussortiert werden, hängt dabei unter anderem von deren emotionalem Gehalt ab. Das leuchtet ein, trotzdem frage ich mich dann, warum ich weiß, wer Pietro Lombardi ist. Offenbar sollen uns nicht nur die positiven Emotionen erhalten bleiben. Das würde auch erklären, wieso ich immer noch den Text von Westernhagens *Dicke* auswendig kann, dessen Ironie mir immer verschlossen geblieben ist. Vielleicht ist das genau der Platz, der mir jetzt fehlt, um mir die zwei Uhrzeiten zu merken, an denen auf unserer Straße der Bus fährt?

Sehr befremdlich ist es auch, warum im gleichen Maße, in dem ich alltäglichen Krams vergesse, auf einmal aus den allerhintersten Hirnwinkeln unnütze Dinge aus der Vergangenheit auftauchen und Speicherplatz einnehmen: Schlimme Sketche aus der *Disco* mit Ilja Richter. Die Trauungszeremonie von Prince Charles und Lady Diana. Oder alte Sprüche aus dem Poesiealbum:

Wenn die Flüsse aufwärtsfließen
und die Hasen Jäger schießen
wenn die Mäuse Katzen fressen
… dann hab ich zu viel Hasch gegessen.

Wahrscheinlich hat bei mir irgendein schlecht bezahlter Hirnarbeiter die Funktion »save emotions« durch »save trash only« ersetzt.

Dinge, die ich getrost vergessen möchte, verfolgen mich stattdessen wohl noch bis zum Ende meiner Tage in meinen Träumen: der gruselige Vorspann *Der phantastische Film* vor ZDF-Spielfilmen oder das erniedrigende Mannschaftswählen beim Völkerball im Schulsport.

Ein Trost: Junge Leute können sich angeblich auch Dinge immer schlechter merken. Die Marketingwelt machte jüngst mit dem Schlagwort »Generation Goldfisch« von sich reden, als man herausfand, dass die Aufmerksamkeitsspanne der sogenannten Early Adopters, also jener Menschen, die sich früh mit neuer Technik vertraut machen, mit acht Sekunden kürzer denn je ist – selbst ein Goldfisch könne sich länger konzentrieren! Warum soll man sich auch länger als acht Sekunden fokussieren, wenn man in dieser Zeit Essen, Gartenmöbel und Sexpartner bestellen kann – wahrscheinlich schon in irgendeiner App alles gleichzeitig?

Trotzdem mache ich mir noch keine Sorgen, solange meine Vergesslichkeit nur eine von vielen anderen Schrullen ist. Etwa der, dass ich immer eine kleine Pfütze in der Kaffeetasse lasse und niemals unter einer Bettdecke schlafen könnte, die verkehrt rum liegt, sodass die Knöpfe am Kopfende sind.

Und es ist irgendwie auch eine schöne Vorstellung, bald so senil zu sein, dass man hemmungslos mit Witzen um sich werfen kann wie: »Mir doch egal, was der Sprit kostet, ich tanke immer für fünfzig Mark!«

Vielleicht sollte man den Begriff »Alter« einfach neu definieren in: »Substantiv, neutrum, Wortbedeutung: Zustand, in dem man nicht mehr weiß, was gestern war, und sehr froh darüber ist.«

Und einige Dinge, so hoffe ich zumindest, sind ja auch für alle Zeiten im Großhirn einbetoniert: Ich habe nicht vergessen, wer mir in schweren Zeiten zur Seite gestanden ist. Ich weiß, wie der wichtigste Ratschlag meines Lebens lautet (»Wer weiß, wozu es gut ist?«). Und vor allem weiß ich, dass »erinnern« ein reflexives Verb ist und ich niemals Sätze bilden werde wie: »Ich erinnere noch genau den Sommer 1989.« Ich erinnere *mich* jedenfalls noch gut daran. Nicht wegen des Mauerfalls, sondern weil da *Pump* von Aerosmith rauskam. Offenbar sind bei dem ganzen wahllos gespeicherten Unrat doch noch ein paar echte Emotionen dabei.

Und schließlich hat es ja auch seine guten Seiten, wenn die Hirnschmelze in Gang kommt. In vielen Situationen sind vergessliche Zeitgenossen nämlich eindeutig die glücklicheren Menschen. Also, freuen Sie sich, wenn Sie an fortgeschrittenem Input-Overload leiden. Das hat nämlich viele Vorteile:

Am Geburtstag …
… denken Sie tatsächlich, dass Sie noch keinen Humpen mit der Aufschrift »Beste Mutter der Welt« besitzen und räumen ihn freudestrahlend zu den anderen zwölf in den Schrank.

Im Auto …
… müssen Sie sich keine Gedanken machen, wie Sie aus der engen Parklücke rauskommen, weil der Autoschlüssel ja eh auf dem Küchentisch liegt.

In der Kirche …
… wird man es Ihnen nachsehen, wenn Sie bei der Hochzeit die Ringe vergessen. Schließlich ist das nicht so schlimm wie damals, als Sie bei der Taufe Ihr Kind nicht dabeihatten.

An der Haustür …
… freuen Sie sich jede Woche wieder auf den Besuch der Zeugen Jehovas, wundern sich aber immer wieder, wo die Abo-Prämie für den *Wachturm* bleibt.

Im Schlafzimmer …
… knistert es vor Spannung, weil Sie jeden Abend wieder aufs Neue überlegen müssen, wer auf welcher Seite schläft.

Bei plötzlichem Besuch …
… haben Sie nichts zum Knabbern im Haus, sind aber trotzdem guter Dinge, denn Sie wissen: In jeder Ihrer siebenunddreißig Handtaschen sind noch mindestens zwei vergessene Schokoriegel gebunkert.

Am Schuleingangstor …
… sind Sie fein raus, wenn eins Ihrer Kinder Amnesia heißt. Sie müssen dann nicht dauernd bekloppte Vornamen wie Joyce-Melody, Allessio-Jürgen oder Laura-Tatonka-Catrice rufen. Stattdessen schreien Sie mittags einfach aus der heruntergekurbelten Scheibe Ihres Vans quer über den Schulhof: »Hey, alles, was mir ähnlich sieht – rein da hinten!«

Beim Beziehungsstreit …
… könnten Sie nicht schlüssiger argumentieren als mit dem Satz: »Was, ICH soll deinen Geburtstag ruiniert haben? Ich weiß noch nicht mal, wann du Geburtstag hast, wie kann ich ihn dann absichtlich ruinieren?«

Beim Einkaufen …
… haben Sie an der Kasse längst verdrängt, dass Sie schon eine knappe Stunde anstehen. Da ist es auch nicht schlimm, dass Sie noch mal eben nach Hause müssen, um

das Portemonnaie zu holen. Dann können Sie bei der Gelegenheit gleich die in den letzten zwei Jahren zu Hause gesammelten Leergutbons mitnehmen.

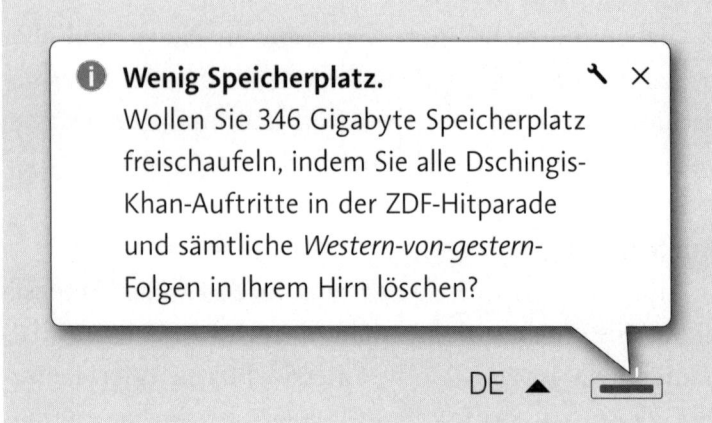

Sorgenfrei in zwei Minuten #10

Um ungewollte Katastrophensituationen und Lebenskrisen von vornherein zu vermeiden, sollte man NIE den Satz sagen: »Das brauche ich mir nicht aufzuschreiben, das merke ich mir!«

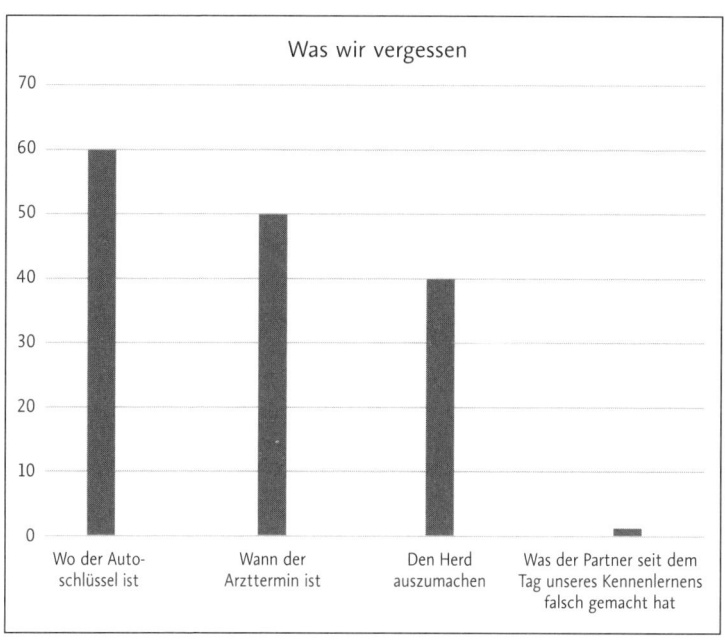

Rebellen mit Rollkoffern:
Wir sind Helden … gewesen

Es gibt Momente, da liegt man auf dem Sofa und wird unweigerlich Zeuge eines Hochverrats: »Das KANN er doch nicht machen«, habe ich gedacht, als Iggy Pop in einem Werbespot für die Deutsche Bahn einem aus irgendeinem nicht nachvollziehbaren Grund durchs Abteil turnenden Nico Rosberg entgegengrinste: »Ah, sorry, geänderte Wagenreihung.«

Ähnlich irritiert war ich, als ich feststellen musste, dass Patti Smith jetzt Werbung für eine Koffermarke macht. Moment mal, Patti-»Outside of society, that's where I wanna be«-Smith? Am Rande der Gesellschaft, okay, aber dahin reist man doch nicht mit einem formstabilen Hardcase-Rollkoffer? Wer ein ernstzunehmender Rebell sein will, der steckt sich eine Zahnbürste und zehn Dollar ein und hält am Highway den Daumen in den Wind!

Was ist nur aus unseren Helden geworden? Der Godfather of Punk sitzt halb nackt im Erste-Klasse-Abteil, und die Mutter aller Bühnen-Bitches zieht formstabile Kofferkreationen hinter sich her.

Tja, offenbar ist aus ihnen das Gleiche geworden wie aus uns. Anscheinend haben sie das Geld ihrer Ruhmeszeit mit vollen Händen verprasst, statt es vorausschauend in Mischfonds zu investieren und brauchen jetzt auf ihre alten Tage ein bisschen Cash. Sie haben ihre Ideale verraten, genau wie wir, die auch nie ein Einfamilienhaus und karierte Kurzarmhemden im Vorteilspack kaufen wollten.

Aber das wollen wir natürlich nicht zugeben. Die Helden unserer Jugend sollen doch bitte schön für alle Zeit so authentisch bleiben, wie wir damals dachten, dass sie es waren.

Damals brauchten wir Vorbilder, um uns im Überangebot der Ausdrucksformen zu orientieren und abzugrenzen.

Heute brauchen wir die Erinnerungen an sie, um unser zwar gefestigtes, aber doch in die Jahre gekommenes Ich auszuhalten. Dabei ist uns unsere Jugend heilig, und wir möchten uns gerade in Schicksalsjahren wie diesen unseren Anspruch darauf erhalten, uns jederzeit mit Musik, Filmen oder fragwürdigen Frisuren in jene Zeiten zurückzubeamen zu dürfen, die Thomas Gottschalk nicht müde wird, als gute und alte zu glorifizieren. Was natürlich Humbug ist. Egal, wann dieses »Früher« auch gewesen ist, es waren immer harte Zeiten: In den Sechzigern gab es Sturmflut und Studentenproteste, in den Siebzigern Ölkrise und Deutschen Herbst, in den Achtzigern Waldsterben und Wackersdorf. Und in den Neunzigern, die ja eigentlich gar nicht zählen, weil sie gefühlt erst gestern waren, gab es DJ Bobo und Britt am Mittag. Nicht zu vergessen die persönlichen Nöte, die man als Heranwachsender so hatte: Wieso kapieren alle anderen Mathe, nur ich nicht? Kommt der Typ aus der Oberstufe jeden Tag bei mir vorbei, weil ich so eine kühl-distanzierte freaky personality bin oder weil ich ein Doppeltapedeck habe?

Zieht die Wolke aus Tschernobyl bis ins Ruhrgebiet? Und wer hat J.R. Ewing erschossen?

Das haben wir natürlich alles verdrängt. In unserer Erinnerung war es immer Sommer, Lichtschutzfaktor 4 hat gereicht, ein Cornetto im Hörnchen kostete achtzig Pfennig, und BAC war für uns alle da. Und so sehnen wir uns kollektiv zurück nach Zeiten, in denen wir noch keine Entscheidungen treffen mussten. Nicht wussten, was eine Anschlussfinanzierung ist, und dachten, dreißig Grad wären heiß.

Konflikte waren da, aber passierten eigentlich nur jeden Tag um acht in der Tageschau. Dann sagten die Erwachsenen manchmal »Mein Gott!«, aber dann kam die Schwarzwaldklinik, und alles war wieder gut: Krankenschwestern konnten Karriere machen, indem sie Chefärzte heirateten. Dr. Brinkmann sagte zu allem: »Machen Sie sich keine Sorgen, das wird schon!«, und das Aufsässigste, was der jugendliche Pfleger Mischa sagen durfte, war: »Ich glaub, mich streift ein Bus.«

Und wenn *Karl der Käfer* uns kurz Angst machte, hat NDW-Markus diese mit seinem penetranten »Ich geb Gas, ich will Spaß!«-Geknatter weggehupt. 40 Jahre später ist das noch immer so: Erst kam Greta, und bevor wir uns versahen, wurde ihre Message durch wütende SUV-Fahrer (»Ich bin so wütend, ich habe sogar einen Fuck-you-Aufkleber an der Heckscheibe!«) zu diskreditieren versucht.

Ich habe den Verdacht, dass Zeiten sich gar nicht ändern. Sie ziehen sich nur um. Oder anders gesagt: Same shit, different day.

Eines Tages wachst du auf und merkst: Rosi heißt jetzt

Layla, aber sonst ändert sich nix. Aus Wim Thoelke ist Elton geworden, Mick Jagger trägt rosa Plüschstola und nennt sich jetzt Harry Styles, und wahnwitzige Herrscher stürzen die Welt ins Chaos, wie einst Nero Rom in Brand setzte. Und wir gucken zu und fühlen uns wie eine von den zwei von Pink Floyd besungenen verlorenen Seelen, die Jahr um Jahr in ihrer Goldfischschüssel kauern.

Es gibt immer Gute und Schlechte, Vorreiter und Nachahmer, Macher und Nörgler. Und leider sind die jeweils Zweitgenannten immer die Lauteren.

Warum betonen wir also immer, dass früher alles besser war? Weil es die beste Entschuldigung ist, um mit der Gegenwart nicht klarzukommen.

Die einen nennen es Nostalgie, aber eigentlich verklären wir nur gerne die Tatsachen. Offenbar ist unser Urteilsvermögen langfristig durch zu viel Haarspray in den Augen und Asbest in den Klassenzimmern beeinträchtigt worden.

Wir vergessen nicht nur die Sorgen von damals, sondern wünschen uns sogar das Schlimme zurück. Bei den Siebzigern denken wir etwa sofort an *Saturday Night Fever*. Hey, geile Musik, coole Moves. Und ignorieren dabei die Handlung, die nämlich so war: Tänzer Tony ist scheiße zu Annette, weil die nicht so hot ist wie die geile Stephanie. Tony wird Disco-Star, Annette wird von Tonys Freunden vergewaltigt, dazu singen die Bee Gees. Hm. Feelgood-Movies sind irgendwie anders. In den Achtzigern sang man über Sexarbeiterinnen, die aus nicht weiter belegten Gründen besser sind als ihre Kolleginnen, und warum Jeannie ihren Schuh verloren hatte, wissen wir inzwischen auch.

Später dann, in den frühen Neunzigern, kamen Thelma

und Louise auf die Leinwand, und alle schrien: Hey, Frauenpower! Hier durften die Protagonistinnen einen coolen Rachefeldzug gegen die Macho-Welt antreten, mussten sich aber zur Strafe am Ende eine Felsklippe runterstürzen, frei nach dem Motto: Patriarchat bekämpfen, gut und schön, aber bitte nicht nachmachen, liebe Kinder! Und in *Flashdance* durfte die Hauptdarstellerin einen Männerberuf ausüben, solange sie sich nach der Arbeit das Schweißeroutfit vom Leib reißt, sich aus nicht nachvollziehbaren Gründen auf einen Stuhl setzt und sich eiskaltes Wasser über den Topbody kippt. Der Rest war Techno, Talkshow, Tamagotchi, also nichts, das man sich irgendwie zurückwünschen müsste.

Auch wenn wir es mit unserem Hang zur Retro-Partyidylle nicht wahrhaben wollen: Jede Zeit hat ihr Gutes und ihr Schlechtes. Es ist nur schwer zu beurteilen, weil wir bei den meisten Zeiten seit dem Urknall nicht anwesend waren und auf Geschichtsschreiber wie Herodot und Guido Knopp vertrauen müssen. Und so weisen wir die paar Jährchen unserer Jugend als beste Ära aller Zeiten aus, und das nur, weil wir dabei waren.

So ist etwa die Erinnerung an mein erstes Konzert, Duran Duran 1982 in der Bochumer Zeche, eine auf ewig im Memory-Schockfroster konservierte Erfahrung. Auch wenn ich mich nicht an außergewöhnliche musikalische Live-Kompetenzen und Spielfreude der Band erinnern kann, war es eine, wie man heute sagen würde, mind-blowing experience, zu sehen, wie sich mir bislang nur als Poster-Boys bekannte, geföhnte Häupter live-haftig bewegten. Und die Art, wie sie dies taten, hat mir Hoffnung gegeben: »Wenn diese wunderschönen Menschen so schlecht tanzen, dann kann aus mir auch was werden!«, so dachte ich.

Ja, es war wichtig, in der Jugend Vorbilder zu haben und zumindest in Gedanken der Enge der Vorstadt und der Kleinfamilie zu entfliehen.

Aber fast noch wichtiger ist es, im Alter noch Helden zu haben. Auch hier sind wir wenig objektiv, was die Leistungen der Protagonisten betrifft. Wir freuen uns einfach, dass sie noch da sind.

ABBA sind live nur noch animierte Versionen ihrer selbst, aber hey, besser als nichts. Und auch wenn *Voyage* ziemlich fad ist, lieber ein maues neues Album als gar keins, oder? Wenn wir sehen, dass Frida am Stock geht, schämen wir uns nicht mehr, das linke Bein nachzuziehen. Und wenn wir bei einer Liveschalte nach Schweden sehen, dass Benny ein Foto von seinem Hund auf dem Klavier stehen hat, können auch wir genüsslich alt werden und im Park Enten füttern.

Er ist tröstlich, der Blick auf die Helden-Halde: Wir gucken Paul McCartney dankbar dabei zu, wie er auf der Bühne rumrentnert, und hoffen, dass Phil Collins bei seinen dünnen Rufen nach *Mama* nicht vom Hocker kippt.

Man könnte meinen: Die Ansprüche an unsere Vorbilder sinken. In Wahrheit erlauben wir ihnen nur, genau wie wir zu altern. Und wollen uns gebührend verabschieden.

Und bei jenen Größen, bei denen der Vorbildcharakter bröckelt, ziehen wir wenigstens noch Trost aus dem Umstand, dass Gott die Alterswehwehchen offenbar gerecht verteilt: Madonna fällt Showtreppen runter, und Jon Bon Jovi singt wie ein lungenkranker Lurch. Wenn diese Leute mit all ihrem Geld, ihren Heerscharen von Personal Trainern, Gesangscoaches und Beauty-Docs nur noch ihrem ehemaligen Glanz hinterherjapsen, dann muss ich auch nicht mehr in meine Röhrenjeans von 1983 reinpassen.

Und dann sind da ja noch die, die auf ihre alten Tage noch nicht ganz peinlich geworden sind. Halten wir uns an jenen fest. Viele sind es ja nicht mehr, also lasst sie uns feiern! Bowie ist nicht mehr da, aber Iggy. Gut, der sitzt im Bahnabteil rum, ist sich aber auch nicht zu schade, mit den Hardrock-Hoffnungsträgern von Måneskin zu co-worken. Die Ärzte machen einfach das, was sie seit gefühlt 150 Jahren schon machen, und solange die alten Herren von Extrabreit alle Jahre wieder auf Weihnachtstour gehen und *Hurra, hurra, die Schule brennt* spielen, ist die Welt in Ordnung.

Vielleicht ist das die Hoffnung, mit der wir uns für die letzte Lebensrunde wappnen können? Unsere Freunde und Familie haben keine großen Erwartungen mehr an uns, sondern freuen sich einfach, dass wir noch da sind. Klingt einerseits traurig, aber irgendwie auch befreiend. Mit Idolen ist es wie mit normalen Mitmenschen: Man muss mit dem Material arbeiten, das noch da ist.

Wer nicht ständig dem verblassenden Glanz der alten Sterne hinterhersehnsüchteln will, der schaut einfach in die Rebellen-Reste-Rampe: Es wandeln garantiert noch viele Zeitgenossen mit Heldenpotenzial unter uns. Da gibt es nämlich einige, von denen wir lange gar nicht wussten, wie großartig sie sind. Wie genial der Kunstfälscher Wolfgang Beltracchi ist, kam zum Beispiel erst vor ein paar Jahren heraus, als seine Masche aufgeflogen ist. Bilder im Stile alter Meister zu malen, sie als lang verschollene Dachbodenfunde auszugeben und zu Unsummen zu verkaufen, ist zwar kriminell – aber auch unfassbar clever. Durch das Auffliegen war das Geld dann futsch, aber dem verwegenen Künstler ist wenigstens noch später Ruhm zuteilgeworden.

Die schon seit 40 Jahren kontinuierlich großartige, aber von der Öffentlichkeit beharrlich ignorierte Toyah Willcox brauchte erst eine Pandemie, um zum Internetstar zu werden: Seit dem Lockdownstart schmettert die mittlerweile 64-Jährige jeden Sonntag halbnackt auf dem heimischen Küchentisch zu den Klängen ihres Prog-Rock-Göttergatten Robert Fripp freakige Coverversionen und hat auf einmal Millionen Follower. Gut, man hätte sich gewünscht, es sei wegen der Musik und nicht wegen der stets munter vor der Handykamera hoppelnden Brüste, aber das produktive Pensionärspärchen hat auf jeden Fall Fame verdient.

Für späte Heldenehrung hat vor Kurzem auch die Filmdoku *The Sparks Brothers* gesorgt, mit der Regisseur Edgar Wright eine lang überfällige Hommage an Ron und Russell Mael geliefert und damit eine unterschätzte Band vor dem Vergessenwerden bewahrt hat. Das Art-Pop-Duo, dessen Musik immer viel zu intelligent war, um richtig erfolgreich zu sein, gibt darin quasi ein Musterbeispiel für bescheidene Lebensführung: keine Skandale, kein Gossip, keine Rollkofferwerbung. Einfach nur jahrelang unermüdlich abgeliefert, ohne darauf zu schielen, was die Kritiker sagen. Das Resultat: Jede Band, die was auf sich hält, von den Chili Peppers bis zu Sonic Youth, zählt Sparks zu ihren großen Einflüssen. Und plötzlich behauptet jeder felsenfest, schon immer Sparks-Fan gewesen zu sein. Als ich das Biopic in einem kleinen Programmkino gesehen habe, in das sich nur eine Handvoll grauhaarige Zuschauer verirrt hatte, haben diese am Ende lautstark geklatscht. Gut, das klang ein wenig wie die Touristenklasse bei der Ankunft in Palma de Mallorca, aber man wollte einfach seinen Respekt vor einem viel zu wenig gewürdigten Lebenswerk zeigen. Beim Rausgehen sagte eine mittelalte Dame, die die gleiche Funktionsjacke trug wie ihr mittelalter Begleiter, im schönsten Ruhrpott-Deutsch: »Siehste Gerd, musse kein Arschloch sein und kannz trotzdem watt werden.« Wie recht sie hatte!

Mal ehrlich, wünschen wir uns nicht alle einen Edgar Wright, der am Ende unseres Lebens dem staunenden Publikum in Erinnerung ruft, wie toll wir eigentlich sind? Denn in unserer eigenen Wahrnehmung waren wir ja auch schon unser ganzes Leben lang kreativ, einflussreich und dabei stets bescheiden und humorvoll. Wir sind Helden, es hat halt nur noch niemand gemerkt.

Unwahrscheinlich, dass eines Tages wirklich ein Regisseur an unsere Tür klopft, um uns filmisch ein Denkmal zu setzen. Eher ist es ein Enkel, der sich ein paar Fun Facts für den heiteren Sketch zu unserem 80. Geburtstag aufschreiben will. Aber ganz egal, wer da irgendwann mal auf der Matte stehen wird oder nicht: Es kann nicht schaden, jetzt schon mal ein gut geschriebenes Drehbuch in der Schublade liegen zu haben.

Vorsicht bei der Vorbilder-Wahl

Nicht alles, was derzeit rumläuft, hat Heldenpotenzial. Diese Promis etwa haben folgende Sätze mit Sicherheit NIE gesagt:

● ● ● ●

»Mit Geduld und Zuversicht findet man in jedem Menschen das Gute.«
(Donald Trump)

● ● ● ●

»Lieber gar nicht Auto fahren als Tempo 130.«
(Christian Lindner)

»Ich hatte viele schmerzhafte Einschnitte in meiner Karriere.«
(Cher)

● ● ● ●

»Frau oder Mann oder irgendwas dazwischen, lass doch jeden nach seiner Façon glücklich werden.«
(J.K. Rowling)

● ● ● ●

»Wenn die anfängliche Verliebtheit weicht, entwickelt sich daraus eine innige, starke Partnerschaft, in der man alles zusammen meistert.«
(Lothar Matthäus)

· · · ·

»Man muss ja nicht jede Talkshoweinladung
annehmen.«
(Natascha Ochsenknecht)

· · · ·

»Da haben alle anderen ja jetzt schon
genug zu gesagt.«
(Til Schweiger)

»Ich habe einen Song über einen Typen
geschrieben, der mich verlassen hat, aber ich
mache da kein großes Ding draus.«
(Adele)

· · · ·

»Hier sind meine Einnahme-Überschuss-
Rechnungen der letzten 10 Jahre, wollen Sie
mal reinschauen?«
(Boris Becker)

· · · ·

»Ich wollte Sie nur mal eben kurz
ausreden lassen!«
(Markus Lanz)

Sorgenfrei in zwei Minuten #11

Lassen Sie ein maßgeschneidertes Wandtattoo für Ihre Working-Living-Chilling-Unit entwerfen und bringen Sie es unter »Always look on the Bright Side of Life«-Gepfeife an das Lieblingszitat von Forrest Gump an:

»Das Leben ist wie eine Schachtel Pralinen. Ein paar Sekunden Genuss, und es bleibt eine Menge Müll übrig.«

Top 12 der partiell-provokanten Psycho-Tipps gegen prekäre Alltagsirritationen

Spätestens in der Lebensmitte, wenn die Zeit knapper und die seelischen Schürfwunden größer werden, stellt man sich die großen Fragen: Wer bin ich, wo komme ich her, wo gehe ich hin, wie nennt man dieses kurze Dingens zwischens Geburt und Tod? Ich gestehe, dass sich in meine Gedankenwelt auch ständig andere Fragestellungen reinkicken, die mir mindestens genauso wichtig erscheinen, nämlich: Psycho Killer, qu'est-ce que c'est? What's another year? Was genau wollte Meat Loaf auf keinen Fall aus Liebe tun? Wer hat die Hunde rausgelassen und was kostet denn jetzt der verdammte Fisch?

Vielleicht auch gut so, denn manchmal muss man mal geistig abseits der üblichen empfohlenen Denkweisen flanieren.

Im Grunde braucht es ja auch nicht viele Lebensphilosophien und rituelle Reinwaschungen, um diese merkwürdige Zeitspanne zwischen Kommen und Gehen zu meistern. Man hat ein gewisses Alter erreicht, und keiner macht einem mehr was vor. Wir kennen alle wichtigen Psycho-Tricks … und wenn wir sie mal vergessen haben, gucken wir auf das von Uroma geerbte Türschild, auf dem steht: »Ein liebes Wort am frühen Morgen erfreut das

Herz den ganzen Tag.« Wem das nicht reicht, der packt einfach ein selbstgemixtes Potpourri mit Lebensweisheiten in seinen Survival-Rucksack. Hier ein paar Vorschläge:

1. Simple Minds: Andersdenken für Anfänger

Wenn Teamleiter in einer Brainstorming-Session sagen: »Denk doch mal outside the box«, dann meinen sie meistens: »Google doch mal, ob's da schon irgendwas gibt, das man abgreifen kann, ohne Urheberrechte zu verletzen.« Jeder hält sich ja für total hip und innovativ, aber bei genauerem Hinschauen hatten Sokrates oder El Hotzo schon vor Jahren die gleiche Erkenntnis.

Wo sollen sie auch herkommen, die ungewöhnlichen Problemlösungsstrategien? Was soll man denn erwarten in einer Gesellschaft, in der es heißt: »Klimawandel schön und gut, aber wir haben nicht genug Verkehrsschilder, um Tempo 100 einzuführen?« Und in der es schon als innovativ gilt, eine Brille mit hochklappbaren UV-Gläsern zu tragen, und man dem Finanzamt schriftlich bestätigen muss, dass der siebenjährige Sohn noch kein eigenes Einkommen hat?

Das wahre Innovationspotenzial sieht dagegen keiner. Wenn es nach mir geht, hätte der kleine Linus, der bei *Das Ding des Jahres* seine selbstentwickelte Brötchenrutsche vorgestellt hat, mit der die Backwaren direkt vom Tresen in den mitgebrachten Baumwollbeutel der Kunden schlittern, schon längst den Nobelpreis für Wissenschaft und Forschung erhalten. Stattdessen macht *VW* millionenschwere Werbeetats locker, damit am Ende einer mit dem Claim *Das Auto* um die Ecke kommt. Warum kann man diese Simplizität nicht da anwenden, wo sie gebraucht wird? Zum Beispiel mal den DB-Fahrkartenautomaten auf drei Knöpfe reduzieren (»nur umme Ecke«, »weit« und »ganz weit«)?

Manchmal könnte man mit so wenig so viel besser machen.

Meine Tochter hat mit sieben Jahren ein Faible dafür gehabt, Papierstreifen an einen alten Wischmopp-Stiel zu kleben und diesen zum heißgeliebten Hexenbesen umzugestalten. Als sie einmal bemerkte, dass wir am Küchentisch mit rauchenden Köpfen über Ordnern mit Stromanbietern, Forward-Darlehen und Tabellen der Verbraucherzentrale saßen, bemerkte sie nur: »Also, ich löse ja alle meine Probleme immer mit Tesafilm.« Das ist bei uns inzwischen der Standard-Spruch für alle Lebenslagen. Wenn jemand gerade eine wie auch immer geartete Sinnkrise hat, dann dauert es nicht lange, bis jemand eine Stange Tempos bringt – und einen Klebefilm-Abroller. Denn manchmal sind die Dinge so einfach. Jahrelang wollte ich keine Haustiere, weil ich nicht wusste, wie ich das im Urlaub regeln sollte. Jetzt habe ich Haustiere und fahre einfach nicht mehr in den Urlaub. It's as simple as that!

Jeder sollte den Mut zur eigenen Problemlösungsstrategie haben. Wer Salat ohne Zwiebeln bestellt hat, aber trotzdem welche kriegt, der kann ja mal die auf dem Teller verschmähten Streifen zu einem unübersehbaren »KEINE ZWIEBELN!« anordnen und dem Kellner eine Lektion fürs Leben erteilen.

Wer von seinen Mitbewohnern einen passiv-aggressiven Zettel in der Küche findet mit der Aufschrift: »Es bringt nichts, das Geschirr AUF die Spülmaschine zu stellen«, der kann ja einfach darunterschreiben: »Ja, aber es darunterzustellen macht irgendwie auch keinen Sinn.«

Die Welt wäre ein besserer Ort, wenn Konrads Spezialkleber, die Mutter aller innovativen Lösungen und natürlich die Meisterklasse der Kleistermasse, frei verkäuflich wäre. Und notfalls tut's auch eine Rolle Tesafilm.

Notfall-Tipp zum Ausschneiden:
Manchmal wartet die Antwort auf ein Problem an einem Ort, an dem du sie nicht vermuten würdest. Zum Beispiel hinter einer Kühlschranktür.

2. Me, Myself And I: Allein, allein

Wer alleine was unternimmt, hat keine Freunde, so die gängige Meinung. Die Werbung ist voller Cliquen, die sich gegenseitig ein Küsschen geben oder zusammen Paprika-Chips auf die Couch krümeln. Und auf allen To-do-Listen steht: »Ich müsste wirklich mehr mit Freunden unternehmen.« Das geht meistens schief, denn dann kommen so schlimme Dinge wie »zusammen was kochen«, und man endet zwanghaft kochlöffelableckend in offenen Küchen-Wohn-Einheiten wie die Mutanten vom *Perfekten Dinner.* Warum müssen wir immer an Clan-Veranstaltungen teilnehmen, auch wenn diese oft traumatisierende Termine beinhalten wie Junggesellinnenabschied, Dessousparty oder Firmenweihnachtsfeier? Warum ist Rudel-Singen positiv, aber Solo-Urlaub negativ besetzt?

Wenn ein Kind im Sandkasten seine Schüppe nicht verleihen will, wird ihm frühkindlicher Narzissmus diagnostiziert. Aber wie soll es seine Motorik entwickeln, wenn es anderen beim Buddeln zuguckt? Und überhaupt, warum sitzt auf der Bank der Babysitter – na klar, weil Mutti oder Vati auch mal was ALLEINE erledigen möchten.

Warum nicht einfach mehr Zeit mit dem Menschen verbringen, den man am allerbesten kennt – sich selbst? Keine Kompromisse (»'türlich darfst du bei mir rauchen, mein Asthma ist ja erst im vorletzten Stadium!«), kein Versetztwerden (»ach, du meintest DIESEN Montag?«) und kein pseudo-verständnisvolles Kopfnicken beim Eisessen (»Der Thilo ist aber auch wirklich ein toxisch-manipulatives Arschgesicht!«).

Natürlich muss man sich ans Alleinsein erst mal gewöhnen. Die ersten zwei Stunden ruft man manchmal noch: »Nein, ich habe nichts gesagt!« durchs Haus und fragt nicht anwesende Personen, was sie zum Mittagessen möchten. Aber wenn man einmal begriffen hat, dass die nächsten Stunden, Tage oder Wochen niemand grundlegende emotionale Bedürfnisse äußert oder Schuhe in den Weg kickt, erfüllt einen das Eremitendasein doch mehr als ein Yoga-Retreat im Himalaya.

Einfach mal die Lieblingsplaylist an, der lieben alten im Exil lebenden Freundin endlich den seit zwei Jahren überfälligen Brief schreiben, alle Klamotten konsequent aufs Bett schmeißen und nach dreistündigem Durchgucken befinden: Die brauche ich noch. Alle. Oder mal einen Stadtbummel machen, ohne dass der Mann schon nach einem Geschäft meckert (»Schuhe? Du hast doch schon welche, ist was mit denen?«). Öfter mal allein heißt ja nicht einsam. Wenn im Autoradio nachts Balladen über die totale Herzfinsternis kommen, möchte ich jedenfalls keine Insassen an Bord haben, die meine inbrünstige dreiminütige Verwandlung in Bonnie Tyler bezeugen. Das Beste am Alleine-im-Café-Verweilen: Es kommt garantiert kein Kneipenfiedler-Trio an den Tisch, das breit grinsend *That's Amore* singt. Und es ist doch auch irgendwie rührend, sich ab und zu milde lächelnd zu versichern: »Ich bin immer für mich da!«

Notfall-Tipp zum Ausschneiden:
Hüllen Sie am Strand oder in der U-Bahn um die tatsächliche Lektüre ein selbstgestaltetes Buchcover mit dem Titel »100 Arten, Menschen zu töten, die mir ein Gespräch aufzwingen wollen«.

---

3. Erfolg war gestern: Scheitern ist auch schick

Warum wollen eigentlich alle Leute erfolgreich sein? Guckt man sich die (Un-)Schönen und Reichen der Welt an, wird schnell klar: Auch die Highflyer haben Probleme! Erfolgsguru Jürgen Höller muss den ganzen Tag in Mehrzweckhallen Dorfdeppen Persönlichkeitsbildungsworkshops andrehen. Kate Middleton muss den ganzen Tag so tun, als ob sie das auf ihr Designerkleid pinkelnde Otterbaby aus der Auffangstation total süß findet. Und irgendeine Fee mit Humor hat wohl mal zu Elon Musk gesagt: »Milliardär? Kannste haben, aber dafür musst du regelmäßig deine Visage von einem Scharlatan ohne Arbeitserlaubnis mit einer rostigen Rohrzange strammziehen lassen!« Will im Ernst jemand mit den Geissens tauschen und den ganzen Tag zu Tode gelangweilt auf Tuk Tuks zu Gucci-Imitat-Taschen-Ständen kutschiert werden? Haben die Fälle Boris Becker und Susanne Klatten nicht gezeigt, dass Geldpools von Dagobert Duck'schem Ausmaß irgendwie nie ein Happy End mit sich bringen? Und wer glaubt eigentlich immer noch, dass man, wenn man sich nur genug anstrengt, auch irgendwann die Erfolgsleiter hochturnt? (»Ach, Sie haben Erziehungsurlaub genommen? Dann hätten wir da jetzt eine süße kleine Teilzeitstelle im Kellerarchiv.«) Erfolg ist oft das Ergebnis harter Arbeit, oft aber auch nur Glück. Und viele meckern noch auf dem Zenit ihres Erfolges. So hat Falco mal in einem Interview gesagt, dass es sehr schlimm war, mit *Rock Me Amadeus* auf Platz 1 der US-Charts zu kommen, weil er wusste: Ab jetzt kann es nur noch abwärtsgehen. Das ist natürlich ein bisschen schräg, aber wenn man sich mal umschaut, machen die meisten Superstars keinen zufriedenen Eindruck, wenn sie mit acht Bodyguards und sieben Adoptivkindern am Flughafen von Paparazzi fotografiert werden. Und erwiesenermaßen sind Lotto-Millionäre kurze Zeit nach dem Jackpot ärmer als vor dem Gewinn.

Also, lieber *Singstar* spielen, als bei DSDS verkacken. Und wenn der Mann von der Lotterie-Gesellschaft mit einem schwarzen Köfferchen vor der Tür steht, am besten kurz nachdenken und abwinken: »Sechs Richtige? Ach, lassen Sie mal. Die großen Scheine wird man im Geschäft so schlecht los.«

4. Servus, mach's guat: Arschloch-Scanning

Nicht mehr ganz jung zu sein hat klare Vorteile: Man kann beim Bäcker kaum noch den Preis fürs Brot erkennen, aber Idioten identifiziert man sofort, sobald sie einen Raum betreten. Noch bevor viele Menschen den Mund aufgemacht haben, möchte ich am liebsten sagen: Skip Intro! Natürlich, jeder Mensch ist das Produkt seiner Gene und Erfahrungen, und keiner ist nur gut oder nur schlecht. Aber irgendwie verliert man im Laufe der Jahre die Geduld, das Gute in manchen Menschen zu suchen.

Lemmy Kilmister hat mal gesagt, die wichtigste Lebenserfahrung, die er gemacht hat, ist: »8 von 10 Leuten sind Arschlöcher!« Dies zu akzeptieren und seine Zeit nicht mit Menschen zu verbringen, die einem den letzten Nerv rauben, ist ein echter Problemlöser. Warum immer Teamplayer sein, konstruktiv und kompromissorientiert handeln, wenn man einfach nicht miteinander kann? Im Tierreich ist es normal, wenn zwei sich »nicht riechen« können, ohne dass ein Psychologe vorher eine traumatische Geschwisterrivalität oder ein sadistisches Elternhaus diagnostiziert hätte.

Die Leute geben ein Heidengeld für Menschenkenntnis-Literatur aus. Körpersprache-Gurus erklären in sauteuren Seminaren, dass euer Date nur Zukunft hat, wenn der andere beim ersten Treffen nicht mit dem linken Fuß wippt und Richtung Ausgang schielt, und Firmenbosse googeln frühkindliche Traumata ihrer Bewerber, um die Kandidaten beim Vorstellungsgespräch einem Stresstest zu unterziehen. Rausgeschmissenes Geld … einfach zurücklehnen und älter werden! Denn spätestens mit Mitte 40 erkennt man einen Vollhonk doch schon, bevor er den Mund aufmacht. Zum Beispiel an einem T-Shirt mit dem Aufdruck »Aus dem Weg, ich muss kacken«.

Wenn ich bei einer Gartenparty jemanden kennenlerne, der von sich sagt, dass er leidenschaftlicher Hobbyjäger ist, ist für mich das Gespräch zu Ende.

Mag sein, dass dieser Jemand einen irren Humor, ein warmherziges Lachen und eine beeindruckende Vinylsammlung hat, aber es gibt gewisse persönliche rote Linien, bei denen man einfach gehen und dem anderen sein Unrecht lassen sollte.

Früher habe ich noch diskutiert (»Wieso sagst du, Jagen sei nur ein Beitrag zum Umweltschutz, hängst dir aber jede Menge Trophäen in die Garage? Wenn ein Tierarzt einen Dackel einschläfert, tut er das auch für das Tier, würde sich aber nie einen abgetrennten Dackelkopf zur Deko an die Wand hängen, frei nach dem Motto: ›Den habe ich aber Eins a erwischt!‹ Und wenn es nur darum geht, den Bestand zu regulieren, kann ich auch die Bierflaschen auf deinem Balkon alle auf ex trinken und sagen: ›Tja, da waren einfach zu viele von da!‹«). Sorry, Dude, du hast ein Recht auf deine Meinung, und ich habe das Recht, deine Meinung einfach scheiße zu finden.

»Man muss auch mal der Gegenseite zuhören und aus seiner Bubble herauskommen«, höre ich dann oft sozial empathischere Menschen als mich sagen. Aber gerade, wenn die eigene Zeit knapp wird, sollte man aufhören, sie mit Standpunkten zu vergeuden, die buchstäblich mit dem Aufsitzmäher durch die eigene No-go-Zone brettern.

Und wenn die anderen mich zehnmal für eine intolerante idealistische weinerliche Memme halten, kann ich diesen nur sagen: »Du musst das mal so sehen, ich gebe demjenigen gerne freiwillig die Chance, statt meiner jemanden kennenzulernen, mit dem eine Konsensfindung wahrscheinlicher ist, und damit tue ich ja am Ende auch wieder was Gutes.«

Notfall-Tipp zum Ausschneiden:
Manchmal reicht es auch bei Diskussionen, die zu nichts führen, mit dem Stuhl immer ein kleines Stückchen nach hinten zu rücken. Und zwar so lange, bis man wieder zu Hause ist.

---

5. The great pretender: Muss das so?

Die markante Zeile »Where do we go now?« gehört ja zum Guns-N'Roses-Kracher *Sweet Child Of Mine* wie das Pfeifen zu *Wind Of Change*. Niemand würde daran zweifeln, dass dies eine dramatische Songzeile ist, in der Old Axl den Scheideweg besingt, an dem das lyrische Ich und sein süßes Kind gerade stehen. In Wahrheit entstand die Line aber, als der Text noch nicht fertig war und die Band im Studio einfach aus Spaß »Where do we go now?« im Sinne von »Und was singen wir jetzt?« trällerte.

Die Tarte Tatin ist der Legende nach erfunden worden,

als die französischen Tatin-Schwestern aus Versehen den Apfelkuchen mit dem Obst nach unten in die Form legten und merkten: »Oha, schmeckt ja saugeil, wenn das Obst karamellisiert!«

Wenn Jongleure auf der Bühne einen Ball verlieren oder Comedians sehr lange Sprechpausen machen, denkt man immer: Das gehört zum Programm, auch wenn diese gerade nur professionell einen Fauxpas überspielen. Vieles im Leben ist auf den zweiten Blick nicht so bedeutungstragend, wie es scheint, sondern einfach Zufall oder ein Missgeschick.

So tun, als ob etwas beabsichtigt und total durchdacht ist, ist ein super Tipp, solange man seine Mitmenschen glauben machen kann: So und nicht anders muss das! In jedem Fünf-Sterne-Restaurant zucken die Kellner ja auch nicht mit der Wimper, wenn Sie einem ein Horsd'oeuvre für 39,30 Euro vorsetzen, das aus einer halben Olive mit Kapernschaum besteht. Und wie viele Feuilletonisten haben schon minimalistisches Tanztheater gefeiert, während in Wahrheit nur der Hausmeister die Bühne gekehrt hat?

Wenn Sie also wieder mal verschlafen haben, schnell eine Strickjacke über den Pyjama ziehen und mit einer Wollmütze die nicht vorhandene Frisur bedecken, einfach nicht kommentieren, und jeder wird denken, das sei der neue Scandic Casual Relaxed Urban Lounge Style.

Und wer mal wieder keine Zeit hatte, seine Torte ordentlich einzustreichen, sagt einfach im Brustton der Überzeugung: Noch jemand ein Stück Naked Cake?

> ### Notfall-Tipp zum Ausschneiden:
> Never complain, never explain. Und erst recht niemals zugeben, dass man gar kein Englisch kann.

6. Nächste Runde rückwärts: Gedankenkarussell

Man merkt, dass man sich zu viele Gedanken macht, wenn man bei dem aufploppenden Fenster auf chefkoch.de »Ihr Rezept wurde erfolgreich in Ihrer Sammlung gespeichert« sofort denkt: »Warum erfolgreich gespeichert? Was wäre denn der Unterschied zu einfach »gespeichert«? Haben die vielen Drähte und Plättchen in meinem Rechner heimlich eine Party gefeiert, von der ich nichts mitbekommen habe? Was wollen sie mir sagen? »Hey, du hast es diesmal wirklich geschafft, dieses bekloppte Rezept für Sonnenblumenkernaufstrich zu saven, obwohl wir fünfmal versucht haben, dass es abschmiert und dir nicht dein Leben versaut!«

Ich habe auch schon oft eine halbe Stunde vor dem Getränkeflaschenrückgabeautomaten verbracht, weil ich an der Frage verzweifelt bin, ob es sich lohnt, eine einzelne Flasche zurückzugeben, für die dann ein beschichteter Bon ausgedruckt wird und die Kassiererin mir 25 Cent zurückgeben muss. Wäre es da nicht besser für alle, das Ding wegzuschmeißen?

Klassischer Fall von Overthinking. Warum ist die Banane krumm, wieso ist das Wort Verb ein Nomen, und warum passiert eigentlich immer nur mir so ein Scheiß – manche verbringen ihr ganzes Leben damit, diese Fragen immer wieder neu zu denken, ohne dass es zu irgendwas führt. Als ob man mit einem Auto gegen die Wand fährt, dann den Rückwärtsgang einlegt und noch zwölf weitere Male mit Karacho dagegenknallt.

Mit Samthandschuhen wird jedes gesagte und auch jedes nicht gesagte Wort auf die Goldwaage gelegt, und es wird interpretiert, bis die Schwarte kracht. Grüblern kann man es nicht recht machen. Sagt der Nachbar freundlich: »Wie geht's?«, vermuten sie: »So, so, der heuchelt jetzt Interesse vor, wahrscheinlich will der sich am Wochenende wieder Grillkohle ausleihen, ohne mich einzuladen; das ist ja mal wieder typisch!« Fragt der Nachbar aber nicht, wie es geht, sondern zwinkert nur wortlos beim Haustüraufschließen, gehen sofort die Alarmglocken an: »Der hat mich doch genau gesehen, wie ich hier stehe und mein Auto wasche, warum grüßt der dann nicht? Habe ich gestern zu laut Metallica gehört? Zu nah an seinem *Range Rover* geparkt? Die selbstgemachte Grillsauce nicht genug gelobt? Oder mag er mich einfach nicht, obwohl ich doch so ein liebenswerter und unkomplizierter Mensch bin? Ja, das wird es sein! Na warte, wenn ich das nächste Mal seine Blumen gießen soll, sage ich einfach LECK MICH!«

Notorische Grübler suchen ständig nach Gründen, warum irgendwas so und nicht anders ist, und finden in noch so kruden Kleinigkeiten Beweise dafür. Hilft es zu wissen, warum man seiner eigenen Wahrnehmung nach immer vom Leben benachteiligt war?

Und nützt es zu wissen, ob man sich das fiese Virus im Wartezimmer oder beim Bäcker eingefangen hat und ob man es hätte vermeiden können? Nein, das Einzige, was man wissen muss, ist: Ganzkörperdecke her, Ingwertee schlürfen und bloß kein *WICK Medinait*. Ach ja, und ganz wichtig: Man muss sich sagen: »Ich bin nicht schuld, dass ich erkältet bin. Und auch nicht mein Nachbar.«

Das ständige »Hätte, hätte«-Denken entzieht einem nämlich nur Energie, bringt einen aber keinen Schritt weiter. Im schlimmsten Fall gibt man sich nur noch mit anderen Hobby-Selbstmitleidigen ab und beweint auf *Telegram* gegenseitig den Untergang des Abendlandes, weil es in der Kantine jetzt einmal in der Woche Veggie-Bolognese gibt.

Ja, manchmal ist das Leben gemein zu einem, und manchmal muss man sich auch hemmungslos im Selbstmitleid suhlen. Allein schon, weil *Love Will Tear Us Apart Again* viel besser ist als *Walking On Sunshine*. Aber irgendwann sollte man sich selbst wie einem Hund zurufen: »AUS! Iss gut jetzt!« Und sich die Portion vom Leben holen, die einem zusteht, egal, ob man in der Schule gemobbt, vom Partner verlassen oder wieder von der Obstverkäuferin so schräg angeguckt wurde.

Kurz, wenn wir vor 25 Jahren an einem anderen Tisch im Eiscafé gesessen hätten, hätten wir jetzt einen anderen Partner, ein anderes Haus und vielleicht 1,5 Kinder mehr oder weniger. Wahrscheinlich aber die gleichen Probleme.

Notfall-Tipp zum Ausschneiden:
Man kann zu viel denken, aber man kann nie zu viel Schokolade im Haus haben.

---

7. Was hat sie, was ich nicht habe? The grass is always greener on the other side

Neulich las ich in einem Online-Familienmagazin die schöne Clickbait-Headline »Drei Dinge, die französische Eltern besser machen als wir«. Das triggert doch sofort unsere deutsche Loser-Mentalität, die uns sehnlichst zu unseren Nachbarn rüberschielen lässt: Ja, die Franzosen, können einfach alles, kultiviert essen, dazu immer den passenden Rotwein auf Lager haben, Filme machen, bei denen sogar beim Sex geraucht wird, und Kinder erziehen, die nicht so tyrannisch sind wie unsere. Und so klickte auch ich mich durch zehn Werbeanzeigen zu den heiß ersehnten Tricks. Als Hauptgrund wurde angegeben, die Kinder seien sozialer, weil sie schon sehr früh in die Kita oder zur Tagesmutter gehen.

Was dort nicht stand, war, dass französische Eltern oft überhaupt keine andere Wahl haben, da das Wort »Teilzeit« den Franzosen so fremd ist wie Vollkornbrot. Als ich vor ein paar Jahren einmal meine Freundin in der Provence besucht hatte, hat es ihr selbst das Herz gebrochen, den Zweijährigen morgens aus dem Schlaf zu reißen und diesen weinend mit quietschenden Reifen bei einer Nanny mit sieben Tageskindern abgeben zu müssen. Der Junge hat übrigens auch geweint. Mag sein, dass der Kleine dadurch empathischer geworden ist, vielleicht hatte er aber auch aus lauter Schlafmangel einfach keinen Bock mehr auf Konflikte.

Auch was die Optik betrifft, müssen ja immer andere europäische Frauen das Maß aller Dinge sein, auch wenn sie ganz andere Konfektionsgrößen haben. »Styling-Tipps, die uns italienische Frauen vormachen«, heißt es ständig in Modemagazinen. Wenn ich mit einem Strohhut von drei Metern Durchmesser und einem Pudel auf dem Arm beim Bäcker ein glutenfreies Brot bestelle, fühle ich mich allerdings nicht wie Sophia Loren, sondern wie die Prusseliese.

Ich bezweifle, dass in den italienischen und französischen Ausgaben von Marie Claire und Cosmopolitan Tipps stehen wie »Stylen Sie sich wie deutsche Frauen.« Gut, das mag daran liegen, dass viele deutsche Frauen weiße T-Shirts mit glitzernden Totenköpfen und Cargo-Caprihosen als ultimatives Fashion-Statement sehen, aber ich finde: Danke, wir können uns schon alleine anziehen!

Wenn ich Stil-Vorbilder brauche, dann jene kaukasische Teppichweberin, die schon vor Tausenden von Jahren die geheime Botschaft in einen Jurtenvorleger eingelassen hat: »Lass jetzt, iss gut so!«

Notfall-Tipp zum Ausschneiden:
Wenn andere ihren Hornveilchentee ausschließlich
mit bei Sonnenaufgang abgefülltem Quellsud
aus Island aufbrühen, dann kochen sie letztlich
auch nur mit Wasser.

---

8. Fertig zum Schlag: This Is What I Should Have Said

In einer Situation nicht schnell genug zu reagieren, das passiert den Besten: Selbst Elton John zögerte bekanntlich, die Braut zu küssen. Wer kennt es nicht, die Verkaufskraft blökt einem ein unfreundliches »Wir hamm schon zu« über die Theke, obwohl es erst Viertel vor sechs ist. Oder der Arzt spielt Patience am Rechner, während Sie Ihre Beschwerden vortragen, und schreibt Ihnen dann eine Überweisung an den Kollegen mit den Worten: »Der weiß es auch nicht, hat aber mehr Zeit als ich.«

Wie oft wünschen wir uns dann, zu sein wie Kathy Bates in *Grüne Tomaten*, wo sie die Hausfrau Evelyn auf ihrem Siegeszug zur sorglosen Survival-Ikone mimt. Die Älteren werden sich an die grandiose Szene erinnern: Evelyn will in eine gerade frei gewordene Parklücke fahren, zwei junge Mädels rasen dreist dazwischen. Auf ihre Anmerkung: »Sorry, ich habe auf den Parkplatz gewartet«, kichern sie nur. »Sieh's ein, Lady, wir sind jünger und schneller« – woraufhin die Dame resolut zurücksetzt, den Käfer der beiden mit Schmackes über den Haufen fährt und aus dem heruntergekurbelten Fenster trocken anmerkt: »Seht es ein, Kinder, ich bin älter und viel besser versichert!«

Das würden sich die meisten natürlich niemals trauen. Aber vielleicht sollten wir öfter mal das innere Parkplatzmonster in uns aktivieren? Zum Beispiel einfach mal dem Lkw-Fahrer, der aus seinem Führerhäuschen springt und uns ein »Scheiße geparkt« entgegenprollt, erwidern: »Mag sein, aber dafür weiß ich, auf welcher Körperseite man ein Dekolleté tragen sollte.«

Oder generell bei nervigen Sprüchen einfach das Gegenüber ignorieren und dafür laut am Handy einen imaginären Gesprächspartner in einer Fremdsprache ansprechen, auch wenn man diese gar nicht beherrscht? In Wahrheit hat man vielleicht nur eine Portion Spaghetti Puttanesca bestellt, aber das reicht, damit sich das überrumpelte Gegenüber angepisst fühlt.

Was auch immer hilft, wenn jemand Scheiße erzählt, zum Beispiel dass Linkshänder nicht so lange leben oder Depressionen das Resultat falscher Erziehung sind: Unbeeindruckt antworten: »Okay, auf welche Studie beziehen Sie sich genau? Aus Thornton und Leeds von der University of Illinois von 2020 oder auf die qualitative Inhaltsanalyse des Fraunhofer-Instituts von Becker & Kampann?« Ist natürlich völlig ausgedacht, bringt aber jeden Besserwisser zum Schweigen.

Und wenn der gelangweilte Kellner nach einem suboptimalen Essen fragt: »Wie möchten Sie zahlen?«, bietet sich doch ein knackig-knappes »Ungern« geradezu an.

Notfall-Tipp zum Ausschneiden:

In ganz schwierigen Fällen einfach sagen: »Sorry, Sie haben einen so starken Dialekt, dass ich nicht ganz sicher bin, was Sie gesagt haben. Ich glaube, es war: ›Ich habe mich mit meiner Bemerkung gerade zum Arschloch des Jahres qualifiziert‹, hab ich doch richtig verstanden, oder?«

---

9. Houston, wir haben kein Problem: Die richtigen Fragen

Wie wird man eigentlich Bademeister, und warum tropft Tapetenkleister? Wie kommt der Saft in die Tüte, und wie kommt er wieder raus? Kinder haben es gut; auf diese Fragen gibt der immer alles wissen wollende Willi oder auch die Maus stets bereitwillig Antwort. So wachsen sie auf mit der Gewissheit, dass immer irgendein Erwachsener die Lösung für jedes Problem hat.

Und dann ist man auf einmal selbst erwachsen und merkt: Hey, wer beantwortet eigentlich jetzt *meine* Fragen? Ich habe immer noch viel Klärungsbedarf: Warum sind wir auf einmal die Generation, die es verbockt hat, obwohl wir doch immer »Jute statt Plastik«-Beutel getragen haben? Warum musste ich 52 Jahre alt werden, bevor mir klar wurde, dass *Treets* eigentlich Treats meint und *Sunkist* nichts anderes als sun kissed?

Über diese Fragen kann man sich den Kopf zermartern. Oder aber man merkt: Es muss nicht auf alles eine Antwort geben. Vor langer Zeit habe ich mal einen Workshop für freiberufliche Künstler besucht, in dem ein Modul »Lebenswege« hieß, frei nach dem Motto: Wie wir werden, was wir sind. Ein Kursteilnehmer sagte: »Ich wollte es immer anders machen als meine spießigen Unternehmensberater-Eltern, also bin ich Musiker geworden.« Eine andere sagte: »Ich bin in eine Künstlerfamilie hineingeboren, meine Eltern waren mein großes Vorbild, also bin ich auch Malerin geworden!« Bei beiden Erzählungen nickte der kursleitende Psychologe zustimmend. Was mich zu der Annahme verleitete: Man kann sich Erklärungen immer so hinbiegen, wie man es gerade braucht. Entweder ist etwas so, weil vorher etwas so und so war, oder es ist so, weil etwas nicht so war. Das ist wie mit der Religion: Überlebt man knapp einen Autounfall, hatte man einen Schutzengel und Gott noch Großes mit einem vor. Ereilt einen ein schlimmer

Schicksalsschlag, heißt es: »Tja, Gottes Wege sind eben unergründlich«. Wie es eben gerade passt.

Vielleicht ist das Warum auch gar nicht so wichtig. Auf manche Fragen gibt es einfach keine Antwort. Etwa, warum man immer bei der Parkplatzsuche die Musik im Auto leiser dreht oder das Supermarktbasilikum immer nach drei Tagen eingeht.

Und vielleicht geht es auch nicht immer um Antworten, sondern eher um die richtigen Fragen, auch wenn das fies nach bild.de klingt. Ein Beispiel: Neulich wurde mir das erste Mal im Bus ein Sitzplatz angeboten. Ich war außer mir und rief direkt meine Freundin an, um ihr von dem peinlichen Vorfall zu berichten: »Sehe ich denn aus wie eine Oma?«

Das war aber die falsche Frage. Meine Freundin sagte nämlich:

»Und?«

»Wie, und?«

»Na, wolltest du sitzen oder nicht?«

»Ja klar wollte ich sitzen! Ich hatte drei Taschen mit Gemüse dabei und hab gekeucht wie Monica Seles beim Aufschlag!«

»Na, also.«

An dieser Stelle war das Ganze für sie erledigt. Und sie hat natürlich recht. Man muss die richtigen Fragen stellen.

Muss man sich mit den Jahren weniger weiblich fühlen, weil man jetzt keine Kinder mehr kriegen kann, obwohl man eh noch nie welche wollte? Muss ich wirklich sauer sein, weil ich für die Beförderung nicht in die engere Wahl gezogen wurde, wenn ich den Job zwar nicht machen, sondern nur gefragt werden wollte? Spielt es irgendeine Rolle, ob der Rest der Busladung uns für dreißig, fünfzig oder dreiundsiebzig hält, so lange ein bequemer Plüschplatz dabei rausspringt? Man kann sich ja für den Rest der Fahrt einfach ein paar Lauchstangen vors Gesicht halten.

Notfall-Tipp zum Ausschneiden:
Frage nicht, was dein Land für dich tun kann,
sondern frage dich, was J.F.K. dieser kluge Ausspruch
am Ende genützt hat.

10. Sätze fürn Arsch: Bitte sagen Sie jetzt nichts!

Words are very unneccesary, das wussten ja schon Depeche Mode. Es gibt Sätze, die einfach keinen Sinn machen, etwa »Das hatte der Verstorbene zu Lebzeiten verfügt« (sorry, aber wann denn sonst?). Es gibt Fragen, die einfach überflüssig sind, wie »Möchtest du noch Nachtisch?«.

Daneben gibt es aber auch bestimmte Sätze, bei denen man immer gleich weiß: Oh, oh! Jetzt kommt nix Gutes. Zum Beispiel, wenn jemand sagt: »Ich habe da eine andere Meinung zu ...« Denn das heißt nichts anderes als: »Ich habe eine andere Meinung als du, und die ist so viel besser als deine, dass ich mich gar nicht erst dazu herablasse zu sagen, was ich denke, da du mir ja sowieso nicht zuhörst und ich all das schon seit Jahrzehnten sage. Womöglich kommst du mir dann auch noch mit Argumenten, denen ich nichts entgegensetzen kann, weil meine Meinung jegliche Fakten außer Acht lässt und nur ein Ziel hat, nämlich recht zu haben.«

Die Steigerung dieses Satzes heißt: »Dazu sage ich jetzt mal nichts.« Was komisch ist, denn indem man sagt, dass man nichts sagt, hat man eine ganze Menge gesagt. Nämlich: »Du laberst absolute Scheiße, aber weil ich so großmütig bin, kommentiere ich das jetzt nicht und lasse dich in deinem Glauben, dass du recht hättest. Schließlich hast du ja sonst nicht viel im Leben, und wenn ich da noch mit meiner glorreichen, richtigen Meinung um die Ecke komme, fühlst du dich sicher klein und wertlos.«

Noch so ein Übel der Neuzeit: Wer einen Satz mit »Irony off« beendet, hält lieber ganz die Klappe. Ironie, die man erklären muss, ist wie ein schlabberiger Händedruck: Geht gar nicht.

Noch mehr Sätze, bei denen du sofort weißt: »Mit uns beiden wird das nix mehr!«

✘ Prost-a-ta! (Bu-ha, der sagt bestimmt immer laut »Tschö mit ö«.)

✘ Frauen und Technik … (Macho-Pisser!)

✘ Yoko Ono hat die Beatles zerstört. (Dito.)

✘ Da steckt doch Bill Gates dahinter. (Nein, es ist Kerkeling oder Böhmermann.)

✘ Wiedersehen macht Freude. (Mir nicht!)

✘ Wollen Sie das retournieren? (Nein, ich will es UMTAUSCHEN!)

✘ Ich will mal mitten in medias res gehen. (Und wetten, du »wiederholst es auch noch einmal«?)

✘ Achtung, heiß und fettig. (Nee, dumm und dümmer!)

- ✗ Es sind doch nur Tiere. (Und du nur ein armes Würstchen.)
- ✗ Auf Wiedertschüss! (Glaube ich nicht.)
- ✗ Für dein Alter siehst du aber noch … (SCHNAUZE!)
- ✗ Meine Meinung! (Nein, es ist nicht deine, sondern nur ein Textbaustein, den du von achgut.com kopiert und als Facebook-Kommentar gepostet hast.)
- ✗ Bitte ergänzen _____

Notfall-Tipp zum Ausschneiden:
Merke: Manchmal muss man auch gar nichts sagen.
Es reicht, sein Gegenüber so lange mit offenem Mund anzustarren, bis dieser von selbst »Tschüssikowsi« sagt.

11. Gute Sorgen, schlechte Sorgen – Your problem, your choice!

Sorgen sind blöd, das hätten wir an dieser Stelle ja schon mal etabliert. Manche begleiten uns trotzdem ein Leben lang. Das Fiese ist, dass die Welt diese offenbar in Premium-Sorgen und B-Klasse-Befindlichkeiten einteilt.

Denn wie auch bei Körperformen, Vorgartengestaltung oder Saufliedern gibt es leider auch bei persönlichen Problemen einen gesellschaftlichen Konsens, welche akzeptabel sind und welche nicht.

So haben 60 bis 80 Prozent der Menschen in Deutschland Angst vorm Zahnarzt, bis zu 20 Prozent der Bevölkerung zählt zu den sogenannten Zahnarztphobikern. Einige gehen vor lauter Panik erst gar nicht hin. Diese

Leute verstehe ich, dennoch sind sie Angsthasen erster Klasse. Auf diese Patienten spezialisierte Zahnärzte halten die schwitzenden Hände gestandener Rechtsanwälte. Menschen, die sich Tattoos in die Innenseite ihrer Knie stechen und sich von Fischen die Hornhaut an den Füßen abknabbern lassen, versagen komplett bei der Aufgabenstellung, »AAAAH« zu sagen. Aber während die Krankenkassen bei bestätigter Dentalphobie sogar die Kosten für Hypnose oder Narkose übernehmen, hat niemand Verständnis für hoffnungslose Augenarztphobiker wie mich. Ich habe seit meiner Kindheit eine fiese Angst vor Augen als solche. Wenn sich mal ein Insekt in meinen Augeninnenwinkel verfliegt, bin ich der Ohnmacht nahe – sehr zur Belustigung meiner Mitmenschen. Als das erste Mal dieser fremde glitschige Zeigefinger des Augenarztes auf mein eigenes glitschiges Sehorgan zukam, der dann auch noch unsanft meine Kontaktlinse hin und her schob, war das ein schlimmeres Trauma als das Kreidequietschen an der Tafel. Leider ist diese Angst offenbar gesellschaftlich nicht akzeptiert. Kein Augenarzt weit und breit, der mich in Hypnose versetzt, mit Schlafliedern einlullt oder mir eine Ayurveda-Massage verpasst, bevor ich auf allen vieren auf den Untersuchungsstuhl krieche. Ungerecht! Gut, unter Vollnarkose ist es wahrscheinlich auch schwierig, auf die Frage »Können Sie die obere Reihe noch lesen?« zu antworten. Aber warum werden zitternde Zahnarztpatienten mit Wohlfühlangeboten umgarnt, während ich mit meiner Pupillen-Panik als Memme gelte? Und warum kriegen Zahnarzt-Non-Phobiker wie ich keine Tapferkeitsmedaille? Ich könnte mir ohne Narkose und fingerschnippend in der Mittagspause eine Wurzelbehandlung to go machen lassen, und wenn die Dentalassistentin mich fragt, welche Füllung ich will, dann grinse ich nur: »Erdbeer-Schoko.«

Auch Sorgen und Ängste werden in unserer Gesellschaft anscheinend kategorisiert. Und das Auge ist demnach der Kassenpatient unter den Körperteilen. Sind gesunde Zähne etwa mehr wert als gute Augen? In unserer Zeit ist es anscheinend wichtiger, sich durchzubeißen, statt die Dinge mit eigenen Augen zu sehen.

Wenn man sich schon sorgt, dann sollte man sich die Sorgen wenigstens selbst aussuchen dürfen. Sie auf eigene Weise lösen oder damit leben. Und auch den stranger things unter den Sorgen mit Respekt begegnen. Denn Zahnart-Zittern, Flugfurcht oder Spinnen-Schrei kann jeder. Aber da draußen sind auch Menschen, die leiden unter Arachibutyrophobie. Das ist die Angst, dass Erdnussbutter am Gaumen kleben bleibt. Wer jemals zu viel von dieser klebrigen Kletschmasse auf den Löffel gepackt hat, der weiß, wie bedrohlich das ist. Dann gibt es noch die Angst vor Gedichten, Metrophobie genannt. Wie könnte man sie jemandem verübeln? Es ist doch logisch, dass einem der kalte Schweiß ausbricht, wenn man beim Spaziergang durch die Kleinstadt unvorbereitet auf Schilder trifft, die die Aufschrift tragen »Dies ist ein Garagentor, nur ein Trottel parkt davor«.

12. Schwachkräftemangel: Mut zur Krücke!

Neulich brauchte ich ein Geschenk für das 8-jährige Kind eines befreundeten Paares. Ich ging in die Buchabteilung und musste feststellen, dass fast alle Bücher das Wort »stark« enthielten: »Geschichten für starke Mädchen«, »Geschichten für starke Jungs, »Kinder stark machen« und so weiter. Ich fragte mich spontan: Wieso müssen Kinder immer unbedingt stark sein?

Auf einer Silvesterparty wurde ich mal Zeugin, wie eine Mutter ihren Fünfjährigen als »Weichei« bezeichnete, weil dieser sich vor den lauten Knallern die Ohren zuhielt. Das Kind tat mir leid, denn nicht jeder kann bei trommelfellzerfetzendem Lärm in Verzückung ausbrechen. Ein anderes Mal beobachtete ich, wie ein Erstklässler im Supermarkt einer Mitarbeiterin zwei Gummibärchentüten hinhielt und fragte: »Wie viel kostet das zusammen?« Diese antwortete schnippisch: »Hast du denn in der Schule nicht aufgepasst? Das kannst du doch selbst rechnen!«

Das hat mich wütend gemacht. Reicht es denn nicht an Können, wenn ein Erstklässler alleine einkaufen geht und sich traut, fremde Menschen anzusprechen? Und stärkt es das Vertrauen des Kindes in seine Umwelt, wenn man dessen mangelnde Mathematikkenntnisse öffentlich anprangert? Hierzulande gibt es Wirtschaftsminister, die schlechter rechnen können als ein Grundschüler! Auch wenn der Satz »Streng dich schön an, sonst musst du auch mal im Supermarkt arbeiten, wenn du groß bist!« ansonsten gar nicht geht, hier hätte er gepasst.

Warum ist erst in den letzten Jahren das Bewusstsein für Krankheiten wie Depression oder Angststörung gestiegen? Wahrscheinlich, weil jedes Baby sich schon die Lauflernschuhe selbst zubinden muss und jedes Kind sich im Karneval als Pirat oder Polizist verkleidet. Logisch, Sozialarbeiterkostüme sind ja auch eher Mangelware.

Vielleicht sollte es mehr Bücher für Kinder geben, die Eltern raten: »So halten Sie es aus, wenn Ihr Kind mal weint.« Oder Postkarten mit dem Aufdruck: »Sei Annika, nicht Pippi!« Denn die Schwachen, die zu ihren Schwächen stehen, sind doch die eigentlichen Starken.

Ich habe mehr Respekt vor der US-Turnerin Simone Biles, die wegen mentaler Probleme ihren Start im Einzel-Mehrkampf bei den Olympischen Spielen in Tokio kurzfristig abgesagt hat, als vor sämtlichen Siegern. Der Sänger Andreas Kümmert, der dann eben doch nicht zur Eurovision wollte, weil ihm alles zu viel war, ist mir sympathischer als jede No-Name-Hupfdohle im weißen Glitzerbody.

»Das weiß man doch vorher!«, motzten damals die Kommentarspalten ob des plötzlichen Rückziehers. Sorry, aber wo genau kann man es vorher üben, live vor einem Millionenpublikum aufzutreten und dabei noch die Kommentare von Peter Urban zu ertragen?

Am Ende ist es vielleicht noch eine stärkere Leistung zu sagen: »Sorry, geht halt gerade nicht«, als den ganzen Tag von der Außenwelt abgeschirmt zu werden, von Coaches mentale Motivationssprüche ins Ohr gebrüllt zu bekommen und danach zu gewinnen. Denn wenn man Leute dafür bezahlt, einem zu sagen, dass man der Größte ist, glaubt man es am Ende noch selbst.

Es gibt Menschen, die nicht wissen, was dieser komische orangefarbene Pfeil auf weißem Grund auf Autobahnschildern bedeutet, und kommen trotzdem ans Ziel. Andere sind so tollpatschig, dass sie sich beim Brotschmieren selbst verletzen, spüren aber sofort, wenn jemand schlecht drauf ist und kommen nachts um drei zum Spaghettikochen vorbei.

Und wenn man mal über seine besten Freunde nachdenkt, stellt man schnell fest: Eigentlich haben sie alle einen Knall, und man selbst hat den größten. Ich habe zwei Forderungen an die Gesellschaft. Erstens: Es sollten keine Rückfragen erlaubt sein, wenn jemand sagt: Kannichnich. Brauchichnich. Machichnich. Zweitens: Jeder müsste dazu verpflichtet sein, stets einen amtlichen Macken-Ausweis mit sich zu führen. Den könnte man immer wortlos zücken, wenn andere von einem innere Stärke, Resilienz und Durchhaltevermögen verlangen.

MACKEN-AUSWEIS (Muster)

> Hier Lichtbild
> einfügen

Name: Sabine

Charaktereigenschaften:
selbstgerecht, launisch, ungeduldig

Verhaltensstörungen:
Wenn sie im Supermarkt billige Nudeln findet, die genauso aussehen wie die teureren, die sie einen Gang vorher eingepackt hat, dann nimmt sie die teureren aus dem Einkaufswagen und legt sie zu den billigeren, vergisst aber dafür, die billigeren einzupacken.

Soziale Unverträglichkeiten:
Menschen, die »Pay Pohl« sagen, mit den Fingern Anführungszeichen in der Luft formen oder auf dem Fahrradlenkerradio Andrea Berg hören

Allergien: *We Built This City* von Starship, Volksfeste, Drehtüren, Sylt-Aufkleber

Im Notfall benachrichtigen: *Lieferando* (eine Pizza Verdure mit extra Artischocken, aber ohne Knoblauch)

Sorgenfrei in zwei Sekunden

Der ultimative Notfall-Satz für alle, wirklich alle Lebenslagen:

»Entschuldigung, würden Sie mich bitte vorbeilassen?
Ich muss noch eben mein Leben zu Ende leben.«

Ausge-sorgt in 3, 2, 1

Ein Buch zu beenden, ist wie ein Kind ins Leben zu entlassen. Man kann hier und da noch ein paar gute Ratschläge einstreuen, aber das Wichtigste sollte man gesagt haben.

Dabei denkt man in beiden Fällen: Was? War's das jetzt? Ich wollte doch noch so viel sagen! Dieses eine coole Zitat raussuchen, jene wissenschaftliche Studie einfügen, noch eine irre lustige Lebensweisheit mit auf den Weg geben ... und da klopft schon wieder das Lektorat an und mahnt zur Eile! Irgendwann muss man halt einen Deckel draufmachen, auch wenn man noch sooo viel auf dem Herzen hat.

Also gut. Ich zermartere mir an dieser Stelle nicht den Schädel, mit welchen Raffinessen ich ein fulminantes Textfinale hinkriege, sondern bediene mich einfach an den gängigen Grundzutaten. Wird schon reichen! Ich nehme einfach ...

... irgendwas Schlaues, das andere gesagt haben:
Warum sorgen wir uns? Weil es Spaß macht! Schon der englische Dichter Percy Bysshe Shelley befand »The pleasure that is in sorrow is sweeter than the pleasure of pleasure itself.« Mit anderen Worten, Sorgen machen viel mehr Spaß als irgendwas. Er musste es wissen, hat seine

Frau Mary doch mit *Frankenstein* einen der ersten Gruselromane erschaffen. Und der hat die Leserschaft fast noch mehr in süßes Verzücken versetzt als sämtliche Schmonzetten der Zeit. Und auch heute finden wir für diese These noch viele Belege. So ist die Verzweiflung, wenn der IC zwei Stunden Verspätung hat, weitaus emotionaler und intensiver als die Freude, wenn er auf die Sekunde pünktlich ist. Wir haben fast schon ein liebevolles Verhältnis zu unseren Alltagsbedrohungen, erwarten sie geradezu und stimmen fröhlich in den »Guten Morgen, liebe Sorgen, seid ihr auch schon alle da?«-Gesang ein und fügen noch ein »Gott sei dank« hinzu. Denn wenn das nächste Mal jemand fragt, wie es geht, können wir genüsslich »muss« antworten, um dann freudig von Hormonschwankungen, Ehestreit und Krampfadern zu berichten. Sonst hätten wir doch gar nix mehr zu erzählen.

… irgendwas Wissenschaftliches:

Sorgen sind gut, denn weil wir sie haben, schnallen wir uns im Auto an und schließen die Haustür ab.

Manchmal sind sie aber auch eine kuriose Kausalverkettung: Jedes Mal, wenn wir uns Sorgen machen, und es passiert daraufhin nichts Schlimmes, glauben wir: Wenn wir uns sorgen, dann geschieht auch nix. Also ist es sicherer, sich zu sorgen. So sitzen wir im Flugzeug und bibbern, denn wir wollen ja sicher ankommen. Überhäufen den Nachwuchs mit Vorsichtsmaßnahmen, denn er soll auf dem Weg in die Schule ja nicht entführt werden.

Manchmal wissen wir allerdings nicht genau, ob wir uns wirklich sorgen, dass etwas passiert, oder weil wir dann, wenn etwas passiert ist, sagen können: »Siehste, ich hab's ja gesagt!«

Die Option, sich einfach mal nicht zu verrückt zu machen, ziehen wir gar nicht erst in Betracht. Dabei könnte sie uns viel Unbequemes ersparen. Im wahrsten Sinne des Wortes: Die Menschen im Mittelalter haben im Sitzen geschlafen, weil sie dachten, dass sie im Liegen sterben. Wie beschissen müssen sie sich gefühlt haben, als der erste Liegende wieder aufgewacht ist? Und das noch ziemlich ausgeschlafen?

Fazit: Man kann sich zehn Jahre sorgen machen und dann krank werden. Man kann sich aber auch zehn Jahre nicht sorgen und dann krank werden. Ohne dass irgendein Zusammenhang besteht.

… irgendein augenzwinkerndes Resümee:
Beim Sorgen kann man es keinem recht machen.

Wenn sich junge Leute Gedanken über den Zustand der Welt machen, sind es gleich linksversiffte Gören. Wenn sie sich keine Sorgen machen, ihr Leben genießen wollen und nach einer Vier-Tage-Woche fragen, sind sie arbeitsscheue Weicheier. Wenn sich ältere Menschen sorgen, nutzt die Werbung das schamlos für Gedächtnis-Kapseln und überteuerte Alarmsysteme.

Und Sorgen sind oft ganz schön selbstbezogen: Wenn wir Deutsche in südlichen Ländern jedes Obst erst mal mit kochendem Wasser abwaschen und einen Hygiene-WC-Sitz auflegen, tun wir das aus Sorge um unsere eigene Gesundheit. Wenn jedoch die Geschäfte am Urlaubsort von 13 bis 17 Uhr Siesta machen, weil die Mitarbeiter sich eben auch um ihre Gesundheit sorgen, hört unser Verständnis abrupt auf.

Wenn sich Frauen Sorgen machen, gelten sie als gefühlvolle Wesen, denen das Wohlergehen anderer am Herzen liegt. Wenn Männer sich Sorgen machen, müssen sie sich als »Klabautermann« belächeln lassen.

Sollten wir uns daher einfach keinen Kopf mehr machen? Tja, es ist wohl kompliziert. Wenn Sorgen Handeln heißt, dann lasset uns sorgen! Um Klimawandel und Demokratieverdruss, um Hatespeech, Pandemien, soziale Ungleichheit, Mittelspurfahrer und Schottergärten. Aber nicht darum, dass Sojamilch »Milch« heißen darf oder ob anderen die Art, wie wir leben, gefällt. Denn wie sagte schon Shakespeare: Gram zehrt am Leben.

… und zum Schluss unbedingt was Persönliches:
Gestern fragte mich die nette Bedienung im Café »Kann ich Ihnen helfen?«. Ich setzte an zu einem »Ja, bitte! Helfen Sie mir! Ich sorge mich, dass ich mich bald in dieser komplizierten Welt nicht mehr zurechtfinde. Ich habe zu viele Pfunde und zu wenig Social-Media-Reichweite. Ich habe Angst, dass ich nicht mehr viel Zeit habe, Dinge zu ändern. Ich bin manchmal gemein, schadenfroh und nachtragend und habe gerade ein Buch darüber geschrieben, dass die Menschen sich keine Sorgen machen sollen, während die Welt in Trümmern liegt. Das ergibt doch keinen Sinn! Erklären Sie mir, warum die Welt von skrupellosen Irren regiert wird und wir pro Jahr 11 Millionen Tonnen Lebensmittel wegschmeißen! Und wenn wir schon mal dabei sind, warum werden die Autos immer

größer und die Parkplätze immer kleiner, wieso kommt montags keine Post mehr und, unter uns, weshalb ist die Ersatzflüssigkeit in der Werbung für Hygieneeinlagen bei Blasenschwäche immer noch blau?«

Das, was mein Sprachzentrum daraus formte, klang allerdings eher wie »Ein Stück Erdbeerkuchen, bitte.« Auch gut.

WIR SOLLTEN UNS GENERELL WENIGER SORGEN. AUSSER WENN DER CAPTAIN SAGT: »KEIN GRUND ZUR BEUNRUHIGUNG, WIR HABEN ALLES IM GRIFF.« DANN WISSEN WIR, DASS WIR DEFINITIV AM ARSCH SIND.

Anhang: Listige Lebenshilfe

Probleme lösen für Anfänger
- Kindern auf Augenhöhe begegnen
- Öfter mal miteinander sprechen
- Keine Kohlenhydrate nach 18 h

Probleme lösen für Fortgeschrittene
- Das Schild »Kinder von 3-6« wörtlich nehmen und erst am 6. Geburtstag wieder aus der Kita abholen
- Öfter mal miteinander schweigen
- Bei Selfies den Filter »Death Metal« benutzen

Probleme lösen für Pros
- Mindestens ein Kind bei der Weihnachtsbaumabholung dazulegen
- Mindestens dreimal im Jahr den Partner in seinem Haus besuchen
- Nur Sachen mit dem Label »1 % Baumwolle, 99 % Stretch« kaufen

**Dinge, die Sie klären sollten,
bevor Sie ein Problem angehen:**

? Muss ich dafür aufstehen?

? Wer merkt es, wenn ich es NICHT mache?

? Kann man es auch mit Tesafilm lösen?

? Gibt es andere Wege, zum Ziel zu kommen (aussitzen, kaschieren, einfach so tun, als sei man eine ganz normale Familie?)

? Kann ich es jemand anderem in die Schuhe schieben?

? Tue ich es für mich, oder will ich den Weight-Watchers-Schlüsselanhänger?

? Muss es wirklich eine Liebeskind-Tasche sein? Reicht nicht auch eine von Gucci?

? Kann ich es nicht einfach eine Nummer größer kaufen?

? Lohnt es sich wirklich, ein Menschenleben für ein WLAN-Passwort zu opfern?

? Kann ich es eintuppern und mich morgen damit beschäftigen?

? Warum hat es mich die letzten 25 Jahre eigentlich nicht gestört?

? Was ist, wenn ich einfach eine alte Decke drüberwerfe?

? Hat die Stiftung Warentest dazu schon was gesagt?

? Ist www.wekillhusbandforverylittlemoney.ru wirklich ein seriöses Geschäftsmodell?

DAS LEBEN IST MEHR ALS
EIN SPRUCH IN EINEM RAHMEN.

ABER MAL EHRLICH: SOOO VIEL MEHR
AUCH WIEDER NICHT.

Unsere Leseempfehlung